Dominique Lurz
Barbara Scherrer

111 Ideen

für selbstständiges Präsentieren

Lernplakat, Lapbook, PowerPoint & Co. für Grundschüler

 Verlag an der Ruhr

Titel

111 Ideen für selbstständiges Präsentieren

Lernplakat, Lapbook, PowerPoint & Co. für Grundschüler

Autoren

Dominique Lurz, Barbara Scherrer

Titelbildmotiv

© Verlag an der Ruhr/GGS Trooststraße, Mülheim an der Ruhr

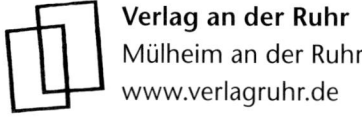

Verlag an der Ruhr
Mülheim an der Ruhr
www.verlagruhr.de

Geeignet für die Klassen 1–4

Unser Beitrag zum Umweltschutz:
Wir sind seit 2008 ein ÖKOPROFIT®-Betrieb und setzen uns damit aktiv für den Umweltschutz
ein. Das ÖKOPROFIT®-Projekt unterstützt Betriebe dabei, die Umwelt durch nachhaltiges
Wirtschaften zu entlasten. Unsere Produkte sind grundsätzlich auf chlorfrei gebleichtes und
nach Umweltschutzstandards zertifiziertes Papier gedruckt.

© **Verlag an der Ruhr 2013**
ISBN 978-3-8346-2430-7

Printed in Germany

3 Ideen für mittleren Aufwand

4 Ideen für komplexere Präsentationen

5 Ideen für den musischen, künstlerischen und sportlichen Unterricht

Im Lernprozess der Kinder entstehen viele unterschiedliche Lernprodukte. Es lohnt sich durchaus, den Lernprozess zu dokumentieren sowie viele dieser Ergebnisse zu präsentieren oder den Mitschülern vorzustellen. Doch dies muss erst gelernt und gemeinsam erarbeitet werden.

Kinder präsentieren ihre Lernergebnisse meist mit sehr viel Freude, Eifer und Kreativität und gewinnen dadurch an Selbstbewusstsein, wodurch ihre Persönlichkeit gestärkt werden kann. Leuchtende Kinderaugen nach einem positiven Feedback, Spaß und Begeisterung bei der Arbeit oder tosender Applaus waren für uns Anlass, Ihnen unsere 111 Ideen in diesem Buch vorzustellen.

Viele Ideen kennen Sie sicher bereits aus Ihrem eigenen Unterrichtsalltag, von einigen anderen haben Sie bestimmt auf Fortbildungen oder durch Kollegen* schon viel gehört. Dennoch erschien es uns wichtig, auch die sogenannten „Basics" nochmals aufzuführen. Weiterhin haben wir Ideen gesammelt, die sehr schnell und ohne viel Material umgesetzt werden können bis hin zu eher komplexen Präsentations- und Dokumentationsideen. Somit ist eine wahre Fundgrube an Ideen entstanden, die nur noch darauf warten, von Ihnen ausprobiert und im Unterricht eingesetzt zu werden.

Wählen Sie für Ihren Unterricht einfach die Ideen aus, die Sie auf Anhieb ansprechen und die zu Ihnen und Ihrer Klasse passen. Nutzen Sie diese Sammlung an Ideen auch, um sich selbst inspirieren zu lassen, und entwickeln Sie die Ideen weiter oder stimmen Sie sie so auf sich und Ihre Klasse ab, dass Sie damit viel Freude und Erfolg haben.

Damit Sie die 111 Ideen zum Präsentieren, Vorstellen und Dokumentieren gleich in die Tat umsetzen können, haben wir Ihnen zu jeder Idee folgende kurze Informationen hinzugefügt:

- **Zeitbedarf**
  Hier geben wir Ihnen eine ungefähre Zeitspanne an, die Sie für die Idee einplanen sollten. Sie lässt sich jedoch sicher nicht immer auf die Minute genau umsetzen, da jede Klasse unterschiedlich arbeitet.

- **Jahrgangsstufe**
  Für welche Jahrgangsstufe ist die Idee besonders geeignet?

- **Fächer**
  In welchem Unterrichtsfach ist die Idee einsetzbar?

- **Sozialform**
  Welche Sozialformen eignen sich gut für die Idee?
  EA = Einzelarbeit
  PA = Partnerarbeit
  GA = Gruppenarbeit

Weiterhin ist jede Idee übersichtlich strukturiert in

⋇ Ziele

Welches inhaltliche und/oder methodische Ziel strebt diese Idee an?

✂ Material/Vorbereitung

Welche Materialien werden benötigt?
Welche Vorbereitungen sind Ihrerseits vorab zu treffen?

⚙ So geht's

Hier finden Sie eine genaue Beschreibung der Idee.

⚚ Tipps

Besondere Tipps unsererseits, die Ihnen Möglichkeiten zur Weiterarbeit bzw. Differenzierung aufzeigen oder Sie auch auf mögliche „Stolpersteine" bei der Umsetzung hinweisen. Darüber hinaus finden Sie auch immer wieder Tipps für die Beschaffung des entsprechenden Materials.

Zu einigen Ideen haben wir Ihnen als Ergänzung zudem eine passende Kopiervorlage zum sofortigen Einsatz vorbereitet. Diese finden Sie dann im Anschluss an alle 111 Ideen, ein genauer Seitenverweis zeigt Ihnen, wo.

Trauen Sie sich auch an neue und zunächst komplexer erscheinende Ideen heran. Wir wünschen Ihnen viel Spaß und Freude beim Ausprobieren!

Dominique Lurz & Barbara Scherrer

---

* Aus Gründen der besseren Lesbarkeit haben wir in diesem Buch durchgehend die männliche Form verwendet. Natürlich sind damit auch immer Frauen und Mädchen gemeint, also Lehrerinnen, Schülerinnen etc.

1

Basics

1 Mind-Map

Zeitbedarf ⮑	ca. 30 Minuten
Jahrgangsstufe ⮑	2.–4. Klasse
Fächer ⮑	alle Fächer
Sozialform ⮑	EA, PA

✳ Ziel

Die Schüler lernen, ihre eigenen Gedanken, Ideen und Inhalte zu strukturieren bzw. Informationen übersichtlich darzustellen.

✂ Material/Vorbereitung

großes Papier in DIN A3 oder DIN A2 (Querformat), Stifte

⚙ So geht's

Eine Mind-Map, auch Gedächtnis-Karte genannt, ist eine gute Möglichkeit, Gedanken, Gefühle, Ideen, Vorwissen oder Erinnerungen zum Ausdruck zu bringen. Aus der Lernpsychologie ist bekannt, dass die einfache Strukturiertheit einer Mind-Map den Gedankengängen der Kinder entspricht.
Kinder assoziieren zu einem beliebigen Begriff oftmals mehrere Möglichkeiten. Bei erstmaliger Begegnung mit einer Mind-Map erweist es sich als sinnvoll, wenn Sie mehrere fertige Mind-Maps zeigen und daran exemplarisch den Aufbau einer solchen besprechen. Alternativ dazu können Sie auch gemeinsam mit den Kindern eine Mind-Map an der Tafel erstellen und so den gewünschten Aufbau thematisieren.
Los geht's: Zunächst stellen die Kinder einen Begriff oder ein Thema in den Mittelpunkt, indem sie dieses in das Zentrum des Blattes notieren und einkreisen. Um dieses Zentrum herum entsteht schließlich eine Art „Landkarte". Die wohl einfachste Methode ist die Zeichnung von Haupt- und Nebenästen. Das Zentrum (der Begriff bzw. das Thema) stellt den Stamm dar, von welchem die Hauptäste abgehen (die zentralen Gedanken des jeweiligen Themas). Von den Hauptästen wiederum zweigen verschiedenste Nebenäste ab (ergänzende Assoziationen).

Ebenso kann man das vorhandene Vorwissen der Schüler zu den verschiedensten Themen in einer Mind-Map darstellen. Die Kinder schreiben zum jeweiligen Thema alle Ideen bzw. Gedanken in der Mind-Map auf, die ihnen spontan dazu einfallen. Wörter, die ihnen als besonders wichtig erscheinen, können die Schüler einkreisen.

☆ Tipps

Mind-Maps eignen sich insbesondere im Fach Sachunterricht für sämtliche Sachthemen. Aber auch im Fach Deutsch bieten sich viele Einsatzmöglichkeiten, beispielsweise bei der Sprachbetrachtung. Wortfelder oder Wortfamilien können mithilfe von Mind-Maps dargestellt werden. Ebenso kann die Gliederung eines Aufsatzes in Form einer Mind-Map notiert werden. In Mathematik eignet sie sich in den Bereichen Größen und Längen, aber auch im Bereich der Geometrie.

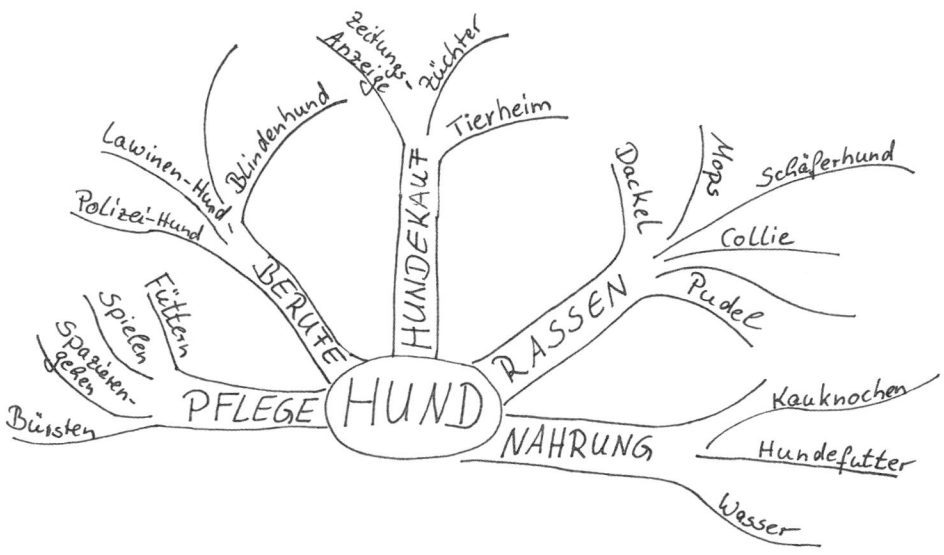

2 Brainstorming

Zeitbedarf ➲	ca. 10 – 30 Minuten
Jahrgangsstufe ➲	ab 1. Klasse
Fächer ➲	alle Fächer
Sozialform ➲	GA, Klassenstärke

⚙ Ziel

Die Schüler sollen spontan eigene Gedanken und Ideen zu einem vorgegebenen Thema formulieren.

✂ Material/Vorbereitung

Karteikarten, Notizzettel, Stifte, Tafel, Magnete

⚙ So geht's

Brainstorming ist eine häufig verwendete Methode, um spontane Ideen, Gedanken, Meinungen sowie Anregungen zu sammeln, die zunächst nicht bewertet werden. Das Brainstorming eignet sich unter anderem sehr gut als Einstieg in ein neues Unterrichtsthema.

Geben Sie Ihren Schülern das neue Thema vor und lassen Sie beispielsweise in Gruppenarbeit Ideen zu diesem neuen Themengebiet suchen. Die Kinder nennen ganz spontan ihre Einfälle bzw. Gedanken und notieren alles, was ihnen dazu in den Sinn kommt. Dabei sollen wirklich alle Ideen aufgeschrieben werden, auch, wenn sie im ersten Moment total abwegig erscheinen. Klären Sie die Klasse vorher über einige Regeln des Brainstormings auf. Es ist verboten, Ideen von anderen Kindern zu kritisieren oder lächerlich zu machen. Die Kinder müssen bei dieser Präsentationsmethode daher keinerlei Angst haben, sich in irgendeiner Weise zu blamieren. Weiterhin soll wirklich jeder Schüler einen spontanen Einfall beitragen. Bedenken Sie auch, dass beim Brainstorming andere „Gesetze" gelten: Hier gilt zunächst Quantität vor Qualität.

In einem zweiten Schritt werden sämtliche Ideen vorgelesen, bewertet und sortiert. Die Bewertung kann von der eigenen Gruppe durchgeführt werden oder aber Sie tauschen die notierten Ideen und lassen diese von den anderen Gruppen bewerten. Natürlich können Sie die Bewertung auch im Plenum an der Tafel durchführen. Lassen Sie jedoch zwischen der Ideensammlung und der Bewertung der Ideen etwas Zeit verstreichen.

Oftmals finden die Kinder bei der gedanklichen Weiterbeschäftigung mit dem jeweiligen Unterrichtsthema noch weitere Ideen, die sie der Sammlung hinzufügen möchten. Bei der Bewertung geht es zunächst nur um den Zusammenhang zum Thema, es sollten lediglich „themenfremde" Ideen aussortiert werden.

👯 Tipps

Um die Ideen besser zu sortieren bzw. später bewerten zu können, ist es, insbesondere für jüngere Kinder, sinnvoll, jede einzelne Äußerung auf einen eigenen Zettel zu notieren. So bietet es sich an, alte Karteikarten oder Notizzettel bzw. Post-its zu verwenden.

Das Brainstorming fördert die Kommunikation der Schüler unter- und miteinander in großem Maße. Bei der Zusammenarbeit stellen die Schüler sicherlich bald fest, dass sich aus einem Gedanken schnell viele weitere Ideen entwickeln lassen. Weiterhin wecken Sie das Interesse Ihrer Klasse an dem neuen Unterrichtsthema und können bereits Vorkenntnisse erkennen bzw. den Wissensstand Ihrer Schüler feststellen. Sämtliche Ideen des Brainstormings können somit eine Grundlage für Ihre weitere Unterrichtsplanung bilden.

Bedingt durch die Tatsache, dass jeder Schüler etwas beitragen soll, werden alle Kinder zur Mitarbeit angeregt. Niemand sollte sich in der Gruppenarbeit hinter seinen Mitschülern „verstecken".

3 Folie

Zeitbedarf ➲	ca. 10 – 20 Minuten
Jahrgangsstufe ➲	ab 3. Klasse
Fächer ➲	alle Fächer
Sozialform ➲	EA, PA, GA

❄ Ziel

Die Schüler sollen mithilfe einer Overheadfolie Ergebnisse präsentieren bzw. einen Vortrag unterstützend begleiten.

✂ Material/Vorbereitung

Overheadprojektor, Tafel bzw. Wand, Folie, (wasserlösliche) Folienstifte in verschiedenen Farben, Zeigestab

⚙ So geht's

In den höheren Jahrgangsstufen können Ihre Schüler, neben der Bearbeitung eines Referates/Vortrages, auch zusätzlich eine Folie zur Unterstützung ihrer Präsentation erstellen.

Klären Sie vorab wesentliche Punkte ab, die die Kinder beim Erstellen der Folie beachten sollten.

- Sind die Informationen für meine Zuhörer interessant?
- Ist ein roter Faden erkennbar?
- Können die Informationen schnell erkannt werden?
- Ist alles gut lesbar?

Vielleicht präsentieren Sie Ihren Schülern zwei unterschiedlich gestaltete Folien, anhand derer wichtige Präsentationsmerkmale erarbeitet werden können.

So sollte die eine Folie klar und übersichtlich gegliedert sein, die andere Folie dagegen eher ein „Negativ-Beispiel" (z. B. mit ganzen Sätzen, zu kleiner Schrift etc.) darstellen.

Halten Sie die Kriterien für das Erstellen einer Folie auf einem Plakat fest, das immer dann aufgehängt werden kann, wenn die Schüler Folien erstellen sollen.

Eine Folie kann Ihren Schülern helfen, einen Vortrag zu strukturieren. Schüchternen oder ängstlichen Schülern kann die Folie Sicherheit vermitteln und „Redehemmungen" minimieren. Den Zuhörern kann durch eine Folie das Zuhören und Verstehen des Vortrags erleichtert werden, da sie den roten Faden des Vortrags immer vor Augen haben und wissen, wo sich der Referent gerade befindet und welche Punkte noch angesprochen werden. Darüber hinaus bereitet es die Kinder auf die später folgenden Handouts bei Referaten in den weiterführenden Schulen vor.

Wollen Sie einen Hefteintrag nicht an die Tafel schreiben, können Sie die Folie nutzen. Der Vorteil der Folie zur Gestaltung eines Hefteintrags ist, dass diese dasselbe Format besitzt wie das Heft der Kinder.

Nicht nur Sie können die Folie für einen Hefteintrag einsetzen, sondern auch die Kinder. Lassen Sie doch immer mal wieder Kinder eine Folie zu einem Unterrichtsthema anfertigen. Durch die Folie ist den Kindern bereits das Format vorgegeben. Anders als in ihrem Schulheft können die Kinder die Folie leichter bearbeiten, sobald sie mit wasserlöslichen Folienstiften arbeiten.

Nachdem ein Schüler einen Vorschlag für einen Hefteintrag auf Folie vorgebracht hat, wird dieser mit den Mitschülern besprochen. Zunächst überprüfen Sie gemeinsam mit den Kindern die allgemeinen Kriterien einer Folie sowie anschließend den Inhalt. Sollten Änderungswünsche bestehen, können diese schnell eingebaut werden. Darüber hinaus können Sie die Kinder auch in Gruppenarbeit Hefteinträge auf Folien erstellen lassen, bei denen dann entweder die gelungenste oder eine Mischung (Folien kann man auseinanderschneiden und wieder zusammensetzen) aus allen Folien verwendet wird.

☆ Tipps

Vor der Präsentation sollten Sie noch den richtigen Projektionsabstand sowie die Schärfe einstellen.
Bei der Folie bieten sich auch viele weitere Einsatzmöglichkeiten an. So können Sie Hausaufgaben darauf notieren, damit die Klasse diese kontrollieren kann. Natürlich können auch die Schüler ihre Ergebnisse der Hausaufgabe auf der Folie notieren oder aber zusätzlich gefundene Lösungswege in Mathematik präsentieren. Besprechen Sie in der Schule ein Arbeitsblatt, ist es hilfreich, ergänzend eine Folie aufzulegen. Auch für Diagramme, Tabellen oder Schaubilder ist eine Folie wesentlich ökonomischer als eine Tafelanschrift.
Zur Darstellung bzw. Konkretisierung von Unterrichtsinhalten können Sie die Folie einsetzen oder aber Sie nutzen beispielsweise ein Bild, eine Frage, eine Karikatur etc. als Einstieg in das neue Unterrichtsthema.

4 Präsentationsstuhl

Zeitbedarf ➲ unterschiedlich, je nach Art des Stuhls
Jahrgangsstufe ➲ alle Jahrgangsstufen
Fächer ➲ alle Fächer
Sozialform ➲ unterschiedlich, je nach Einsatz des Stuhls

☀ Ziel

Um den Schülern Sicherheit bei Präsentationen zu geben, eignet sich ein Präsentationsstuhl. Hier bekommt das Kind, welches seine Arbeitsergebnisse präsentiert, die volle Aufmerksamkeit seiner Mitschüler, einen festen „Stand" und durch die Sitzposition mehr Sicherheit.

✂ Material/Vorbereitung

ein alter Stuhl, Schmirgelpapier, Farbe, Zeitungen, Dekorationsartikel, Stoff

✨ So geht's

Bereiten Sie den alten Stuhl durch Abschleifen auf die Neugestaltung vor. Sobald Ihr Stuhl abgeschliffen ist, können Sie mit der Gestaltung loslegen. Beispielsweise malen Sie den Stuhl in verschiedenen Farben an und verzieren ihn anschließend mit Glitzer, Glitzersteinen und Federn. So geht er eher in die Richtung eines Märchenstuhls. Alternativ können Sie den Stuhl auch mit Zeitungspapier und anderem Papier bekleben.

Sobald Ihr Präsentationsstuhl gestaltet wurde, kann er auch schon zum Einsatz kommen. Möchte ein Kind etwas Besonderes präsentieren oder vorstellen, darf es sich auf den Präsentationsstuhl setzen. So erhält es schnell die Aufmerksamkeit aller Mitschüler. Die Erfahrung hat gezeigt, dass die Kinder, vor allem bei ihren ersten Präsentationen und Vorträgen, sehr aufgeregt sind. Ein Stuhl, auf den sie sich bei ihrem Vortrag setzen können, lässt sie gleich ruhiger und selbstsicherer werden.

Der Stuhl kann für unterschiedlichste Dinge eingesetzt werden. Lassen Sie doch ein Kind beim Vorlesen einer Geschichte auf dem Stuhl Platz nehmen wie eine Art Märchenerzähler. Auch für Buchvorstellungen ist ein Präsentationsstuhl ein geeigneter Ort. Sobald es sich um einzelne Schüler handelt, die etwas vorstellen möchten, kann der Präsentationsstuhl zum Einsatz kommen.

✨ Tipps

Sollten Sie keinen alten Stuhl zur Verfügung haben, können Sie auch Ihren Lehrerstuhl nehmen und ein schönes Tuch darüberwerfen. So entsteht rasch und ohne viel Material und Zeit ein Stuhl, der allein aufgrund seiner Größe bereits etwas Besonderes für die Kinder darstellt.

5 Leporello

Zeitbedarf ➲	1 – 2 Unterrichtsstunden
Jahrgangsstufe ➲	1.– 4. Klasse
Fächer ➲	Deutsch, Mathematik, Sachunterricht
Sozialform ➲	EA, PA

Kopiervorlage zu Idee 5 → S. 182

✳ Ziel

Die Schüler sollen ein kleines Faltbüchlein (Ziehharmonika) zu einem vorgegebenen Thema anfertigen.

✂ Material/Vorbereitung

Sie benötigen ein DIN-A4-Blatt, welches nach der Anleitung (→ siehe Kopiervorlage, S. 182) zu einem Leporello geschnitten und ziehharmonikaartig gefaltet wird.

✸ So geht's

Ein Leporello ist ein kleines, faltbares Heftchen, welches durch das kleine Format für die Schüler stets griffbereit ist (z. B. im Federmäppchen). Das Gestalten eines Leporellos kann durchaus den Lernerfolg Ihrer Schüler erhöhen, da die Kinder mehrere Lernebenen miteinander verbinden können. Auf diese Weise bleibt der Unterrichtsstoff erwiesenermaßen besser im Gedächtnis. Die Schüler planen zunächst, wie viele Seiten ihr Leporello besitzen soll, teilen anschließend die Lerninhalte auf die einzelnen Seiten auf, um dann das Leporello zu gestalten. In den unteren Jahrgangsstufen erledigen natürlich Sie als Lehrkraft diese Arbeit, teilen den Lernstoff in Sinninhalte auf und präsentieren den Schülern das „fertige" Leporello.

✦ Tipps

Es gibt viele Möglichkeiten, für die sich ein Leporello eignet. Im Fach Mathematik kann beispielsweise ein 1000er-Leporello angefertigt werden, indem zehn 100er-Tafeln aneinandergeklebt werden, oder ein Einmaleins-Leporello, in welches die Schüler schwierige Einmaleins-Reihen notieren.
Auch im Fach Deutsch können sich die Kinder ein individuelles „Merkwörter-Leporello" erstellen. Als Lehrkraft können Sie für Ihre Schüler ein „So übe ich

Wörter-Leporello" erstellen, indem Sie den Kindern Übungsmöglichkeiten für die Lernwörter aufzeigen.

Kurze Gedichte können ebenfalls in Form eines Leporellos gestaltet werden. Insbesondere das Fach Sachunterricht eignet sich für viele Einsatzmöglichkeiten. So kann beispielsweise ein Leporello zu den Themen „Wiesen-/Heckenpflanzen", „Wiesen-/Heckentiere", „Die Entwicklung der Tulpe" erstellt werden, ein „Wochentage-" oder ein „Lebenslauf-Leporello" u. v. m.

Eine nette Idee ist auch ein „Mutter-/Vatertags-Leporello", das die Kinder für ihre Eltern frei gestalten können.

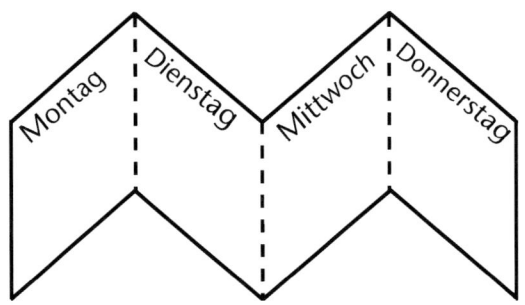

6 Steckbrief

Zeitbedarf ➲	ca. 30 – 45 Minuten
Jahrgangsstufe ➲	ab Mitte/Ende 1. Klasse
Fächer ➲	Deutsch, Sachunterricht
Sozialform ➲	EA, PA

✺ Ziel

Ziel ist es, zu einem bestimmten Thema wichtige Merkmale/Beschreibungen zu finden und stichpunktartig zu notieren. So können Menschen, Tiere, Pflanzen und Dinge kurz und knapp beschrieben werden.

✂ Material/Vorbereitung

Blanko-Papier, Blanko-Steckbriefpapier (v. a. für die unteren Jahrgangsstufen geeignet), Bücher, Zeitschriften, Lexika, Texte etc. zur Informationsbeschaffung

⚘ So geht's

Bei einem Steckbrief geht es darum, dass die Schüler aus einer Masse an Informationen die wichtigsten Informationen herausfiltern, die beispielsweise ein Tier genaustens beschreiben.

Sie können die Kinder möglicherweise Steckbriefe zu den Heckentieren (Schmetterling, Spinne, Schnecke, Igel …) anfertigen lassen. Sammeln Sie zunächst gemeinsam mit den Kindern alle Heckentiere, die ihnen einfallen. Sollten es zu wenige sein oder wichtige Heckentiere fehlen, ergänzen Sie entsprechend. Besprechen Sie nun mit den Kindern, was ein Steckbrief ist. Hier haben nahezu alle Kinder eine Vorstellung, da sie bereits Steckbriefe (z. B. Einträge in Freundschaftsbücher) über sich selbst erstellt haben. Sammeln Sie gemeinsam mit den Kindern wichtige Punkte, die bei allen Heckentieren in den Steckbrief geschrieben werden müssen (z. B. Name des Heckentieres, Aussehen, Lebensraum, Nahrung, Feinde, Besonderheiten). Diese lassen sich ganz einfach auf Wortkarten an der Tafel fixieren. Geben Sie den Kindern anschließend Texte (Länge der Texte ist abhängig von der jeweiligen Jahrgangsstufe) über die entsprechenden Heckentiere. Schon können die Kinder ihre Steckbriefe über die verschiedenen Tiere erstellen. Sobald Sie die Oberpunkte an der Tafel fixieren, haben Sie die Möglichkeit, den Kindern vollkommen freie Hand bei der Gestaltung ihres Steckbriefes zu lassen. Sollten Sie zum ersten Mal Steckbriefe mit den Kindern erstellen, ist es sicher hilfreich, ihnen einen Blanko-Steckbrief an die Hand zu geben.

⚘ Tipps

Sie können je nach Interesse die erstellten Steckbriefe an einer „Steckbrief-Wand" veröffentlichen oder die Steckbriefe im Klassenzimmer verteilen und einen Rundgang machen.

Darüber hinaus haben Sie auch die Möglichkeit, die Kinder ihre Steckbriefe selbst vorstellen zu lassen. Binden Sie doch anschließend aus den Heckentier-Steckbriefen ein Buch zum Thema Heckentiere (→ siehe Idee 47), das Sie dann wiederum frei zugänglich ins Klassenzimmer stellen. Ihrer Fantasie sind hierbei keine Grenzen gesetzt.

7 Gedicht

Zeitbedarf ➲ ca. 1 Woche
Jahrgangsstufe ➲ ab 1. Klasse
Fächer ➲ Deutsch
Sozialform ➲ EA, PA

☀ Ziel

Die Schüler sollen ein Gedicht auswendig lernen sowie betont und sicher vor der Klasse präsentieren können.

✂ Material/Vorbereitung

Gedicht, Wortkarten, ggf. Präsentationsstuhl (➜ siehe Idee 4)

☼ So geht's

Im Laufe der Grundschulzeit sollten Ihre Schüler ein gewisses Repertoire an ausgewählten Gedichten auswendig gelernt haben. Bedenken Sie, dass nicht alle Gedichte zum Auswendiglernen geeignet sind. Wählen Sie daher stets Gedichte mit einem für die Kinder einfach zu durchschauenden Aufbau. Nicht allen Kindern fällt das Auswendiglernen leicht, daher sollten Sie sich eine Strategie überlegen, bei der möglichst viele Lernkanäle angesprochen werden.
Zu Beginn steht ein guter Lehrervortrag des Gedichtes. Bitten Sie die Kinder, ihre Augen zu schließen, und tragen Sie das Gedicht langsam vor. Dabei können die Schüler sich den Inhalt des Gedichtes bildlich vorstellen. Weiterhin bekommen die Kinder durch Ihren Lehrervortrag die Chance, sich den Rhythmus bzw. bereits erste kleine Teile/Teilstücke des gesprochenen Textes einzuprägen. Im Anschluss daran sollten Sie gemeinsam mit der Klasse den Inhalt bzw. den Sinn des Gedichtes besprechen. Nutzen Sie Wortkarten, auf die Sie zentrale Wörter des Gedichtes notieren und hängen Sie diese Wortkarten an die Tafel. Auf diese Weise lässt sich für die Schüler der rote Faden des Gedichtes erkennen. Sie können die Kinder bei der Erarbeitung eines Gedichtes aber auch zunächst in Partner- oder Gruppenarbeit einzelne Strophen besprechen lassen. Lassen Sie sie die zentralen Aussagen unterstreichen bzw. auf Wortkarten notieren. Auch eine bildliche Gestaltung oder eine körperliche Darstellung (Bewegungen) sind große Stützen beim Auswendiglernen. Die einzelnen Gruppen dürfen ihre bearbeitete Strophe den Mitschülern präsentieren.

Tragen Sie das Gedicht schließlich nochmals vor und geben der Klasse den Auftrag, genau auf Ihren Vortrag zu achten (Wie hat Frau/Herr XY das Gedicht vorgetragen?).

Besprechen Sie im Anschluss daran, worauf Sie beim Vortrag des Gedichtes Wert legen. Die Schüler sollen sich zunächst überlegen, welche Stellen sie besonders betonen möchten. Vermitteln Sie Ihrer Klasse (auch durch Ihren Lehrervortrag), dass das Gedicht in einem ruhigen, langsamen Tempo vorgetragen werden sollte. Auch auf eine laute und deutliche Aussprache sollten Sie Wert legen. Viele Kinder neigen dazu, das Gedicht hektisch „herunterzuleiern", in der Hoffnung, schnell fertig zu sein. Mimik und Gestik können den Vortrag unterstützen sowie lebendiger gestalten.

Im Anschluss an den Gedichtvortrag können Sie von den zuhörenden Kindern auch den Bewertungsbogen zum Gedichtvortrag ausfüllen lassen. So bekommt das vortragende Kind eine noch gezieltere Rückmeldung „schwarz auf weiß".

⚥ Tipps

Oftmals haben Kinder Angst, allein vor ihren Mitschülern ein Gedicht vorzutragen. Nehmen Sie den Schülern diese Angst, indem Sie sie das Gedicht beispielsweise zu zweit vortragen lassen. Auch der Präsentationsstuhl kann den Kindern Sicherheit vermitteln, da sie sich setzen dürfen.

Lassen Sie Gedichte auch mal auf unterschiedliche Art und Weise vortragen, z. B. das Gedicht flüstern, singen, mit hoher oder tiefer Stimme vortragen etc. Eine weitere Idee wäre auch, ein Gedicht mit dazu passenden Requisiten nachzuspielen.

Wie wäre es mit einer Gedichtcollage? Dazu können die Schüler das Gedicht auf ein Schmuckblatt schreiben und dieses auf farbiges Tonpapier kleben. Anschließend sollen zum Gedicht passende Bilder gesucht (z. B. aus Zeitschriften, Katalogen etc.), ausgeschnitten und ebenfalls auf die Collage geklebt werden.

8 Plakat/Lernplakat

Zeitbedarf ➲	mind. 4 Unterrichtsstunden
Jahrgangsstufe ➲	1.–4. Klasse
Fächer ➲	für alle Fächer geeignet, z. B. für:
	Deutsch: Wortarten, Rechtschreibfälle, Geschichten, Autoren …
	Mathe: Rechenwege, Körperformen, Längen …
	Sachunterricht: Haustiere, Obst und Gemüse, Tiere bzw. Pflanzen des Waldes/der Wiese/Hecke, Bäume, Thermometer, Denkmäler, Feuerwehr, Länder …
	Kunst: Künstler, Epochen
	Musik: Künstler, Epochen
	Sport: Sportarten, Schlägerarten, Spiele
Sozialform ➲	EA, PA, GA

Kopiervorlage zu Idee 8 → S. 183

☼ Ziel

Die Kinder sollen mithilfe von Bildern und Stichpunkten oder kurzen Erklärungen ein ausgewähltes Thema darstellen/visualisieren.

✂ Material/Vorbereitung

DIN-A2-Papier oder größer (das Papier darf nicht zu dünn sein), leere Satz-/Wortkarten, dicke Stifte, Bilder passend zum Thema, Schere, Lineal, Kleber, Regel-Plakat „So gestalte ich ein Plakat" (S. 183)

⚙ So geht's

Zunächst muss man sich entscheiden, zu welchem Themengebiet die Kinder ein Plakat erstellen sollen. Dieses Thema kann weiter gefasst sein, wie beispielsweise das Thema „Haustiere" (Hund, Katze, Hamster), oder auch enger, z. B. das Thema „Hund" (einzelne Rassen, Entwicklung, Haltung). Sobald Sie sich für eine Themenstellung entschieden haben, kann losgelegt werden.
Zunächst sammeln die Schüler Informationen und Bilder zum gestellten Thema und bringen diese mit in die Schule. Alle gesammelten Materialien werden nun zusammengelegt. Anschließend geht es an die Entscheidung:

- Wer darf mit wem zu welchem Bereich ein Plakat erstellen?
- Darf es Bereiche doppelt geben oder nicht?
- Worauf muss ich beim Erstellen meines Plakates achten?

Die Kriterien für die Plakatgestaltung sollten Sie unbedingt gemeinsam mit den Kindern erarbeiten, da Sie die Plakate mithilfe dieser Kriterien auch beurteilen oder bewerten können.

Kriterien könnten sein: Thema erkennbar? Sorgfalt? Schrift gut lesbar? Gute und richtige Informationen? Übersichtlichkeit? etc. Auf Seite 183 finden Sie eine hilfreiche Anleitung zur Plakatgestaltung direkt für die Kinder.

Und nun kann das Plakat gestaltet werden. Die Kinder lesen sich zunächst genau in ihren Themenbereich ein, überlegen sich, was wichtig ist, und notieren dies auf Wort- oder Satzkarten. Haben die Kinder alle wichtigen Informationen beisammen, entscheiden sie sich, wie sie die Informationen und die Bilder auf ihrem Plakat anordnen wollen, und kleben sie anschließend fest. Abschließend kann das Plakat präsentiert werden. Die Zuschauer der Präsentation können dann im Anschluss die Plakat-Präsentation reflektieren.

⚡ Tipps

Wort- oder Satzkarten zu benutzen, hat den Vorteil, dass die Kinder Fehler leicht verbessern und rückgängig machen können.

Sollten Sie feststellen, dass Ihre Schüler immer viel zu klein auf den Karten schreiben, drucken Sie einfach die Schreiblinien der entsprechenden Jahrgangsstufe mit darauf und schon hat sich dieses Problem gelöst.

Ein weiterer Vorteil der Karten ist, dass sie sich gemeinsam mit den Bildern zunächst auf dem Papier hin- und herschieben lassen, bevor sie endgültig festgeklebt werden. Die Kinder können sich also verschiedene Möglichkeiten selbst anschauen und sich erst später entscheiden, wie es wirklich aussehen soll.

Bei jüngeren Kindern können Sie auch gut mit Pfeilen arbeiten, die den Kindern beim Erstellen des Plakates helfen. Diese Pfeile sind mit den wichtigsten Oberpunkten (Thema Haustier → Pfeile mit: Alter und Aussehen, Nahrung, Haltung, Interessantes) versehen und sollen vom größten Bild in der Mitte aus weggehen. So wissen die Kinder, wie sie ihr Plakat aufbauen sollen und nach welchen Informationen sie suchen sollen.

9 Referat/Vortrag

Zeitbedarf ➲	ca. 2 Wochen Vorbereitung, 5–10 Minuten Vortrag
Jahrgangsstufe ➲	ab 2. Klasse
Fächer ➲	Deutsch, Sachunterricht
Sozialform ➲	EA, PA

Kopiervorlage zu Idee 9 → S. 184

☀ Ziel

Die Schüler sollen einen Vortrag (Dauer ca. 5–15 Minuten) zu einem bestimmten (vorgegebenen) Thema vorbereiten und halten.

✂ Material/Vorbereitung

Ggf. Notiz-/Stichpunktpapier, Mappen, Bücher und Texte entsprechend dem Thema, Computer mit Internetzugang wären sehr hilfreich und nützlich, Regel-Plakat „So halte ich ein Referat/einen Vortrag" (S. 184)

⚙ So geht's

Zunächst muss die Themenstellung geklärt werden, zu der die Kinder ein Referat anfertigen sollen. Hier eignen sich viele verschiedene Themen, beispielsweise Obst und Gemüse, verschiedene Länder, Tiere (hier ist es sinnvoll, die Tiere weiter einzugrenzen: Haustiere, Bauernhof, Zoo, Vögel, aus fernen Ländern …), Pflanzen (auch hier sollte das Thema weiter eingegrenzt werden) und vieles mehr.
Bevor es für die Kinder heißt „Los geht's!", sollte ihnen klar sein, worauf es bei einem Referat ankommt und welche Kriterien berücksichtigt werden müssen. Nutzen Sie hierzu die hilfreiche Anleitung direkt für die Kinder auf der Seite 184. Dies ist wichtig und sinnvoll, da diese Kriterien im Anschluss auch zur Beurteilung und Bewertung des Referates herangezogen werden können.
Für die Kinder wird die Bewertung ihres Referates dadurch transparent.
Kriterien könnten möglicherweise sein:

- Ist der Inhalt vollständig, richtig, präzise?
- Wurde die Zeit eingehalten?
- Wurden hilfreiche/benötigte Materialien vorbereitet und eingesetzt?
- War die Aussprache laut und deutlich?
- War der Vortrag flüssig?
- Gab es Blickkontakt zur Klasse?
- Konnten Fragen beantwortet werden?

Welche Kriterien für Sie wichtig sind, müssen Sie selbst entscheiden. Eine Fixierung der Kriterien auf einem Plakat, das für alle sichtbar aufgehängt wird, ist für die Kinder sicherlich hilfreich.

Sobald die Kriterien allen klar sind, kann es losgehen. Nachdem die Kinder sich für ein Thema entschieden haben, bekommen sie eine Woche Zeit, um Informationen zu sammeln. Bücher, Zeitschriften, Bilder, Texte, das Internet und auch das Nachfragen bei Experten oder den Eltern kann genutzt werden. In Schnellheftern mit Klarsichthüllen lassen sich viele Informationen sammeln und auch die Notiz- oder Stichpunktzettel finden hier ihren Platz.

Nach einer Woche werden die gesammelten Informationen gesichtet. Die Kinder sortieren ihr Material in „sehr wichtig", „wichtig" und „eher unwichtig". Die Schüler müssen sich nun überlegen, womit sie ihren Vortrag beginnen, in welcher Reihenfolge sie die weiteren Informationen präsentieren wollen und ob sie Materialien oder Bilder besitzen, die den Vortrag unterstützen könnten. Hierfür sollten die Kinder einige Unterrichtsstunden zur Verfügung haben. Wie viele Stunden Sie dafür einplanen, lässt sich nur schwer festlegen, da es vom Umfang des Referates abhängt.

Sobald die Schüler ihr Referat vorbereitet haben, geht es darum, den Vortrag zu üben. Dies können die Kinder sehr gut zu Hause machen. Geben Sie ihnen den Tipp, sich kleine Karten (Karteikarten) mit den wichtigsten Punkten aus ihrem Referat zu schreiben. Sollten sie bei ihrem Vortrag den Faden verlieren, können sie kurz auf ihre Karten schauen.

⚡ Tipps

Sie als Lehrkraft sollten sich überlegen, wo die Kinder ihre Referate vorbereiten und welchen Teil des Referates Sie bewerten wollen. Sobald die Kinder die Referate zu Hause vorbereiten und in der Schule „nur" halten, können Sie davon ausgehen, dass bei einigen Kindern die Eltern die Arbeit erledigen und sehr unterstützend einwirken. Da dies aber sicherlich nicht bei allen der Fall ist, wird die Bewertung des Gesamtpakets eher problematisch. Sollten die Kinder die Referate nicht in der Schule vorbereiten, wäre es sinnvoll, lediglich den Vortrag zu bewerten.

Geben Sie den Kindern ruhig den Tipp, ihren Vortrag vor Publikum zu üben, dadurch legt sich die Aufregung ein wenig. Referate lassen sich auch unter Berücksichtigung weniger Kriterien bereits in der 2. Klasse verwirklichen.

10 Experiment/Versuch

Zeitbedarf ➲ ca. 15 – 90 Minuten
Jahrgangsstufe ➲ ab 1. Klasse
Fächer ➲ Sachunterricht
Sozialform ➲ PA, GA

☼ Ziel

Die Schüler sollen zu naturwissenschaftlichen Phänomenen Annahmen entwickeln und Kenntnisse herausfinden.

✂ Material/Vorbereitung

Unerlässlich ist eine Versuchsanleitung. Notieren Sie darauf den Namen des Experimentes sowie die benötigten Materialien. Weiterhin sollte auf der Versuchskarte die Durchführung bzw. der Versuchsablauf festgehalten werden. Eine kurze Skizze des Versuchsaufbaus ist dabei oft hilfreich. Auf der Rückseite der Karte können Sie die Beobachtung bzw. Erklärung schreiben. Laminieren Sie die Karten für ständigen Einsatz.

⚙ So geht's

Um Spaß und Neugierde der Kinder an naturwissenschaftlichen Phänomenen zu wecken, sollten Sie die Experimente stets einfach (und ungefährlich!) gestalten. Wählen Sie Versuche aus, bei denen rasch erste Erfolge sowie eindeutige Ergebnisse zu erkennen sind.

Achten Sie zudem darauf, dass benötigte Materialien aus der Erfahrungswelt der Kinder stammen und entweder bereits im Klassenzimmer vorhanden oder im Haushalt zu finden sind. So vermeiden Sie unnötige Kosten.

Vor der Durchführung von Experimenten ist die Besprechung verschiedenster Sicherheitsregeln unerlässlich (z. B. „Haltet euch genau an die Versuchsbeschreibung!", „Lange Haare werden zusammengebunden!", „Arbeitsplatz ordentlich halten!" etc.).

Nachdem die Schüler ihre Versuchsanleitung erhalten und durchgelesen haben, richten sie ihren Arbeitsplatz her. Dazu besorgen sich die Kinder selbstständig die benötigten Materialien oder holen eine Kiste mit dem Experiment-Material bei Ihnen ab.

Im Anschluss daran lesen sich die Kinder nochmals genau die Versuchsanleitung durch. Vor der Durchführung des Experimentes sollte jeder Schüler seine Vermutung notieren, um sie anschließend überprüfen zu können. Nun wird der Versuch durchgeführt. Dabei sollen die Schüler ihre Beobachtungen bzw. Erkenntnisse so exakt wie möglich formulieren und dokumentieren.

Während der Präsentation des Experimentes ist es wichtig, darauf zu achten, dass alle Zuschauer gut sehen können und auch die vortragenden Kinder dem Publikum nicht den Rücken zuwenden.

Abschließend erfolgt die gemeinsame Auswertung/Erklärung bzw. Überprüfung der zu Beginn aufgestellten Hypothese.

⚗ Tipps

Im Internet finden Sie mittlerweile viele Seiten mit leichten Experimenten für Kinder zwischen 6 und 10 Jahren (→ siehe Internet-Links und Medientipps S. 189). Denken Sie daran, die ausgewählten Experimente unbedingt vorab selbst zu testen, da Ihnen so möglicherweise auftretende Schwierigkeiten oder Gefahren bewusst werden.

In den unteren Jahrgangsstufen empfiehlt es sich, einen Schuhkarton mit dem benötigten Versuchsmaterial zu füllen. Somit ist gewährleistet, dass die Schüler wirklich alle Arbeitsmittel beisammen haben. Vorteil ist auch, dass während der Versuchsdurchführung eine gewisse Ordnung am Arbeitsplatz gewahrt bleibt. Auch die Aufräumarbeiten am Ende der Stunde gestalten sich auf diese Weise einfacher und schneller. Zudem ist es nützlich, die Materialien in beschrifteten Kartons aufzubewahren. Auf diese Weise können Sie bei einer Wiederholung der Experimente schnell auf einen großen Fundus zurückgreifen.

11 Lerntagebuch

Zeitbedarf ➲ täglich 5 – 10 Minuten
Jahrgangsstufe ➲ ab 1. Klasse
Fächer ➲ alle Fächer
Sozialform ➲ EA, Klassenstärke

Kopiervorlage zu Idee 11 ➙ S. 185

☀ Ziel

Die Schüler sollen lernen, mithilfe eines Lerntagebuches ihre Arbeit bzw.
ihr Handeln selbst zu reflektieren, und daraus Konsequenzen ziehen.

✂ Material/Vorbereitung

Heft, Stifte, Plakat, Smileys, ggf. die vorbereitete Kopiervorlage (Auswertungsbogen eines Lerntagebuchs) S. 185

✵ So geht's

Das Lerntagebuch hilft Ihren Schülern, sich über Lernziele, persönliche Lern-
fortschritte bzw. Unterrichtsergebnisse klar zu werden. Auf diese Weise lernen
die Schüler, ihr eigenes Lernen bzw. Handeln zu reflektieren, und werden sich
ihrer Fortschritte, aber auch ihrer möglichen Defizite bewusst.
In unteren Jahrgangsstufen empfiehlt es sich zunächst, als Hinführung mit einem gemeinsamen Ziel zu beginnen, welches Sie als Lehrer im Klassenverband
bestimmen. So können Sie beispielsweise jeden Montag im Morgenkreis zusammen mit Ihren Schülern das jeweilige Klassenziel der Woche auswählen
und dieses auf ein Plakat (gut sichtbar für alle) notieren.
In der 1. Klasse eignen sich zu Beginn Ziele wie „Wir melden uns!", „Wir halten
die Gesprächsregeln ein!" oder „Wir halten Ordnung an unserem Arbeitsplatz!".
Erläutern Sie, auf welche Punkte (dem Klassenziel entsprechend) Sie großen
Wert legen. Gegen Ende des Schultages besprechen Sie gemeinsam, ob das
Ziel für den Tag erreicht wurde, und heften das jeweilige „Tagessymbol" an
das Plakat.
In der ersten Klasse eignen sich die bekannten Smiley-Gesichter, evtl. sogar
farbig unterstützt im Ampel-Prinzip (rot: weinendes Gesicht, gelb: neutrales
Gesicht, grün: lachendes Gesicht).

Die Bewertung sollten Sie jeden Tag kurz vor Schulende durchführen sowie am Freitag eine „Wochenzusammenfassung", in der die Schüler berichten, was ihrer Meinung nach gut geklappt hat bzw. weniger gut. Auch Sie als Lehrkraft sollten den Kindern ein Feedback geben. Es bleibt Ihnen überlassen, ob Sie bei Erreichen des Klassenziels Ihre Schüler in irgendeiner Form belohnen möchten (z. B. keine Hausaufgabe).

Als Weiterführung können Sie Ihren Schülern eine vorbereitete Kopiervorlage anbieten, in der Sie wiederum ein Ziel für die gesamte Klasse anbieten oder aber individuelle, auf Ihre Schüler zugeschnittene Ziele notieren.

Die Kopiervorlage sollte über eine Tages- bzw. Wochenübersicht verfügen (z. B. in Spaltenform), in welche die Kinder eintragen können, wie sie, ihrer Meinung nach, das Ziel erreicht haben (z. B. ☺ ☹). Ab Klasse 2 ist es zudem sinnvoll, Platz für kurze Notizen zur Reflexion anzubieten. Hier können die Schüler eigene Gedanken notieren:

- Was ist mir gut gelungen?
- Darauf bin ich stolz!
- Was kann ich noch besser machen?
- Ich brauche noch Hilfe bei …!
- Das nehme ich mir vor: …

Für schwächere Schüler können Sie auch einige Phrasen als Hilfestellung anbieten. Am Ende der Woche sollten Sie Ihren Schülern Zeit geben, die gesamte Woche zu beurteilen bzw. zu reflektieren. In einer abschließenden „Lernkonferenz" können Sie das Klassenziel der Woche nochmals genauer thematisieren und darüber sprechen, was Ihre Schüler in dieser Woche gelernt haben bzw. was sie sich für die Zukunft vornehmen wollen.

Im Anhang auf Seite 185 finden Sie eine Kopiervorlage für einen Auswertungsbogen, welchen das Kind nach einer Unterrichtseinheit ausfüllen kann.

Tipps

Für das Klassenziel der Woche in den unteren Jahrgangsstufen empfiehlt es sich, ein Plakat zu erstellen (am besten auch zu laminieren), sodass Sie immer nur das Ziel der Woche ändern müssen. Sinnvoll wäre es, wenn Sie gleich mehrere Smileys ausdrucken und laminieren. Diese können Sie mit Patafix® an Ihr laminiertes Plakat kleben.

Das Plakat könnte folgendermaßen aussehen:

Unser Klassenziel der Woche:

Wir halten unsere Gesprächsregeln ein!

Montag	Dienstag	Mittwoch	Donnerstag	Freitag
☺				

12 Tabelle/Balkendiagramm

Zeitbedarf ➲ ab 1 Unterrichtsstunde
Jahrgangsstufe ➲ ab 1. Klasse
Fächer ➲ Mathe, Sachunterricht
Sozialform ➲ EA bis GA

⚛ Ziel

Die Schüler sollen Daten mithilfe von Tabellen oder Diagrammen sammeln und präsentieren.

✂ Material/Vorbereitung

farbige Papierstreifen, farbige Klebepunkte, Blanko-Tabellen, Stifte

✿ So geht's

Tabellen und Diagramme gehören in den Bereich Daten, Häufigkeit und Wahrscheinlichkeit und finden sich in den Bildungsstandards wieder.
Bereits Erstklässler können mit Tabellen bzw. Diagrammen arbeiten und umgehen. Je eher sie damit in Berührung kommen, desto sicherer werden sie im Umgang damit. Das Lesen von Tabellen und Diagrammen ist für uns eine Selbstverständlichkeit, Schüler müssen dies aber Schritt für Schritt lernen.

Fertigen Sie das erste Balken- oder auch Streifendiagramm an, indem jeder Junge einen blauen und jedes Mädchen einen roten (Magnet-)Streifen oder ein (Magnet-)Quadrat an die Tafel kleben darf. Dies sollte zunächst kreuz und quer an die Tafel gehängt werden.

Stellen Sie den Kindern nun die Frage, ob sie auf Anhieb erkennen können, ob es mehr Jungen oder mehr Mädchen gibt? Dies wird vermutlich nicht der Fall sein. Sammeln Sie also gemeinsam Ideen, wie man die Streifen/Quadrate anordnen kann, damit man den Unterschied, ohne die Streifen/Quadrate zu zählen, sehen kann. Sicher kommen Ihre Kinder darauf, die Streifen/Quadrate jeweils übereinanderzulegen. Schon haben Sie ihr erstes Streifen- oder auch Balkendiagramm.

Als Nächstes können die Kinder eine Umfrage (→ siehe Idee 54) starten, z. B. die Lieblingstiere oder Lieblingsspeisen ihrer Mitschüler abfragen, und das Ergebnis in einem Balken- oder Streifendiagramm präsentieren.

Hierfür bekommt jedes Tier/jede Lieblingsspeise eine eigene Farbe, um das Erstellen des Diagramms zu erleichtern. Sollten Sie den Unterschied zwischen Jungen und Mädchen sichtbar machen wollen, wird einfach noch ein farbiger Punkt auf die Streifen geklebt.

Diese Abfrage könnten Sie auch mit einer Tabelle anfertigen lassen, in die die Kinder einfach Striche für die entsprechenden Antworten machen. Das Ergebnis kann dann mithilfe dieser Tabelle vorgestellt werden und gemeinsam in ein Streifendiagramm umgewandelt werden.

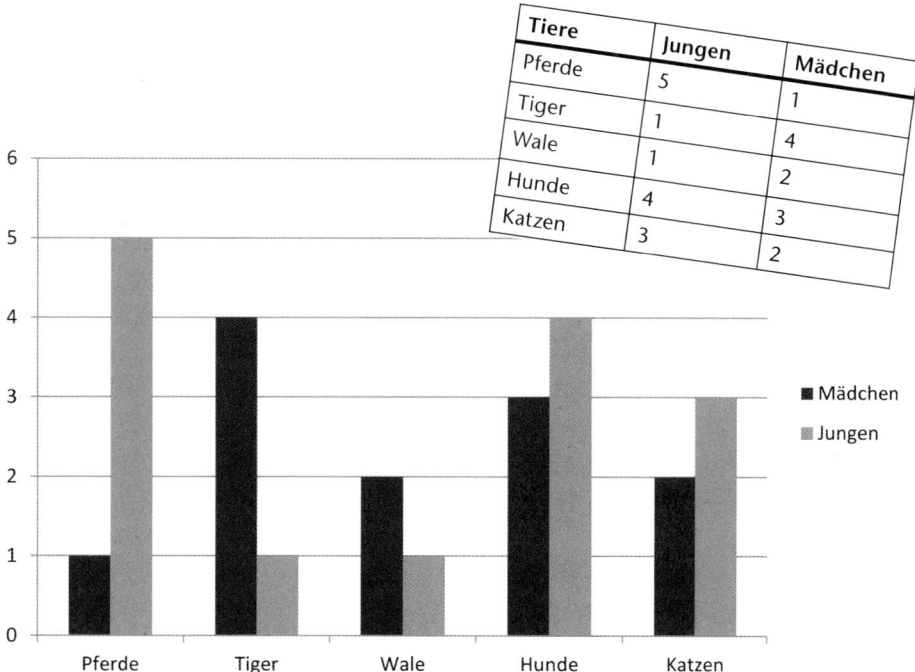

Tiere	Jungen	Mädchen
Pferde	5	1
Tiger	1	4
Wale	1	2
Hunde	4	3
Katzen	3	2

13 Modell

Zeitbedarf ➲ ca. 2–3 Unterrichtsstunden
Jahrgangsstufe ➲ ab 3. Klasse
Fächer ➲ Mathe, Sachunterricht
Sozialform ➲ GA

※ Ziel

Die Schüler sollen mit dem Bau eines Modells ihren Wunschpausenhof/
ihr Wunschklassenzimmer/andere Bauwerke darstellen.

✂ Material/Vorbereitung

Meterstab, Klemmbrett, Papier, Karton (Deckel eines Schuhkartons oder Deckel
von Kopierpapier oder Pappkartons), diverses Material zum Bauen, Stifte

☼ So geht's

Um das Thema Grundriss oder auch Messen und Maßstäbe zu bearbeiten,
eignet sich das Bauen von Modellen. Die Größenvorstellung der Schüler kann
durch das Bauen eines Modells verbessert werden.
Fertigen Sie doch mit den Schülern ein Modell ihres Wunschpausenhofes an.
Hierfür gehen Sie zunächst auf den Pausenhof und sehen sich diesen einmal
genau an.
Teilen Sie die Schüler in Kleingruppen ein und statten Sie die Gruppen mit ei-
nem Klemmbrett, Papier, Bleistift, Meterstab oder Maßband aus und schicken
Sie sie zum Vermessen auf den Pausenhof.
Klären Sie zuvor, was auf der Skizze des Pausenhofs auftauchen muss. Dies sind
alle fest integrierten Gegenstände, die sich nicht verändern lassen.
Diese Skizze muss anschließend auf die Bauunterlage übertragen werden. Nun
können die Kinder mit dem Bauen ihres Wunschpausenhofes beginnen. Nutzen
Sie Naturmaterialien zum Bauen oder lassen Sie die Kinder die Sachen basteln.
Erinnern Sie die Kinder daran, dass auch der Boden des Pausenhofs gestaltet
werden kann.
Am Ende dürfen die Gruppen ihren Wunschpausenhof den anderen Gruppen
präsentieren und sich Lob, Verbesserungsvorschläge und Kritik anhören.

☀ Tipps

Stellen Sie die Modelle des Wunschpausenhofes in Ihrer Schule aus. Vielleicht kann auch der Schulleiter oder sogar eine entsprechende verantwortliche Person der Stadt/Gemeinde auf einen kurzen Besuch vorbeikommen und sich die Modelle einmal anschauen. Möglicherweise springt auch etwas Geld für den Pausenhof dabei heraus, mit dem einzelne Ideen umgesetzt werden können. Auch bereits vorhandene Modelle eignen sich zur Präsentation und unterstützen das freie Sprechen. Schauen Sie doch einfach mal in Ihren Lehrmittelraum nach vorhandenen Modellen und bauen diese in Ihren Unterricht mit ein. Erklären nicht nur Sie die Modelle, sondern geben Sie den Kindern in Kleingruppen Modelle, die diese ihren Klassenkameraden anschließend näher erläutern sollen. Mithilfe von Texten oder Lexika erschließen sich die Kinder auch ganz selbstständig Modelle von Augen, Ohren, Nasen …

2

Ideen für wenig Zeit/
Materialaufwand

14 Cluster

Zeitbedarf ➲	ca. 15 Minuten
Jahrgangsstufe ➲	ab 2. Klasse
Fächer ➲	alle Fächer
Sozialform ➲	EA, PA, GA, Klassenstärke

❊ Ziel

Die Schüler sollen ihre Gedanken zu einem Thema/Stichwort sammeln und
strukturiert notieren.

✂ Material/Vorbereitung

DIN A4 (EA) bzw. DIN-A3-Papier oder größer, Tafel (Klassenstärke)

⚙ So geht's

Jeder Schüler hat sein eigenes Blatt (am besten im Querformat) vor sich liegen.
In der Mitte des Blattes wird das Stichwort bzw. das Thema vorgegeben, aufgeschrieben und mit einem Kreis umgeben. Von diesem „Cluster-Mittelpunkt"
ausgehend, notieren die Kinder nun weitere Ideen bzw. Assoziationen, die sie
wiederum einkreisen.
Alle Einfälle, die sie zum Stichwort/Thema in der Mitte gefunden haben, werden
nun mit diesem durch eine Verbindungslinie miteinander verknüpft. Zu diesen
gefundenen Ideen werden in einem zweiten Schritt weitere Einfälle notiert,
die wiederum eingekreist mit der vorherigen Assoziation verbunden werden.
Sobald eine „Ideenkette" beendet ist, beginnt eine neue „Ideenkette" vom
Ursprungsthema ausgehend (siehe Beispiel). Auf diese Weise können die Kinder
schnell möglichst viele zentrale Gedanken zu einem Thema sammeln.

☆ Tipps

Sie haben die Möglichkeit, für das Cluster ausschließlich einen Stift, d. h. eine
Farbe zu wählen, oder Sie geben den Schülern verschiedene Farben vor. Jeder
Hauptast kann so seine eigene Farbe erhalten und zu noch mehr Übersicht ver-
helfen. Insbesondere wenn viele Ideen gefunden werden, helfen verschiedene
Farben dabei, besser den Überblick zu behalten.
Cluster lassen sich beispielsweise als Stoffsammlung für eine Geschichte oder
auch ein Gedicht einsetzen. Durch das Erstellen des Clusters können viele Ideen

und auch wichtige Begriffe gefunden werden. Ebenfalls denkbar wäre das Einsetzen eines Clusters am Ende einer Sequenz im Bereich des Sachunterrichts, um das gesammelte Wissen noch einmal abschließend zu strukturieren.

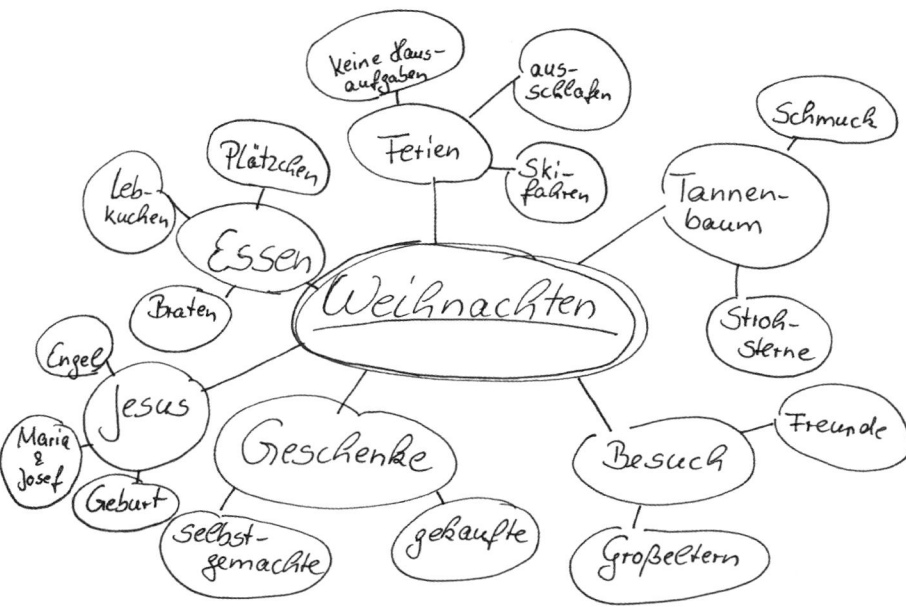

15 Hummeln

Zeitbedarf ➲ ca. 20 Minuten
Jahrgangsstufe ➲ ab 3. Klasse
Fächer ➲ Sachunterricht
Sozialform ➲ Klassenstärke

❊ Ziel

Die Schüler sollen ihr Vorwissen oder ihre Ideen zu einem Thema auf Plakaten notieren und gegebenenfalls auch kommentieren.

✂ Material/Vorbereitung

DIN-A3-Papier oder größer, auf Papier sollten vorab entsprechende Bilder und/oder Impulse zum Thema vermerkt werden; dickere Stifte

🎋 So geht's

Legen Sie auf fünf Tische je einen Bogen Papier, auf dem in der Mitte ein entsprechendes Bild, Thema oder ein Impuls notiert ist. Jedes Kind braucht einen dickeren Stift. Dadurch sind die Notationen der Kinder in der Regel leichter zu lesen. Die Schüler dürfen nun ihre Meinung, ihre Ideen oder ihr Wissen zu den Impulsen auf den entsprechenden Papierbögen notieren. Beim Hummeln ist es auch erlaubt, bereits aufgeschriebene Aussagen zu kommentieren. Wie viele Runden die Schüler gehen dürfen, können Sie selbst entscheiden. Während des Aufschreibens ist das Sprechen miteinander nicht erlaubt.

Die Bögen können nun von einer Gruppe genauer betrachtet und diskutiert werden sowie im Anschluss daran den anderen Gruppen vorgestellt werden. Ein Beispiel, das sich fürs Hummeln eignet, wäre die Planung einer Aufführung eines Theaterstückes (→ siehe Idee 108). Hier könnte es Plakate geben zur Auswahl des Theaterstücks, zum Einladungsschreiben, zum Präsentationsort, zur Gestaltung des Bühnenbildes, zum Publikum.

Eine weitere Idee wäre der Einsatz des Hummelns zum Abfragen des Vorwissens, beispielsweise zum Thema „fremde Länder". Auf den Plakaten könnte stehen: Länder, Essen, Arbeit, Reichtum, Urlaub.

🎋 Tipps

Kleben Sie zwei DIN-A3-Blätter aneinander. So haben die Kinder genug Platz, ihre Ideen, Meinungen, Vorwissen zu notieren.

16 Das weiß ich schon! Das will ich wissen!

Zeitbedarf ➲ ca. 10 Minuten
Jahrgangsstufe ➲ ab Ende 1. Klasse
Fächer ➲ alle Fächer
Sozialform ➲ EA

🎋 Ziel

Die Schüler sollen zu Beginn eines neuen Unterrichtsthemas ihre Vorkenntnisse bzw. ihre Fragen notieren.

✂ Material/Vorbereitung

Papier: z. B. Karteikarten, Satzstreifen oder von Ihnen vorbereitete Karten mit den Überschriften „Das weiß ich schon!", „Das will ich wissen", kleine Antwortkarten, ggf. große Blanko-Plakate, Stifte

⚙ So geht's

Lassen Sie zu Beginn eines neuen Unterrichtsthemas Ihre Schüler notieren, was sie zu dem jeweiligen Themengebiet bereits wissen. Geben Sie den Kindern dazu die Möglichkeit, Ihnen und den Klassenkameraden unter „Das weiß ich schon!" ihre Vorkenntnisse mitzuteilen. Diese können sie z. B. auf einfache Karteikarten oder von Ihnen vorbereitete Zettel mit der Überschrift „Das weiß ich schon!" notieren.

Oder aber Sie erstellen vorab Plakate (z. B. mit der Überschrift „Das weiß ich schon: Obst und Gemüse") und die Kinder schreiben ihr Wissen direkt darauf oder kleben ihre ausgefüllten Karten mit ihrem Vorwissen zum Thema dort an. Vielleicht verschönern Sie diese Plakate noch mit entsprechenden Fotos von Obst- und Gemüsesorten.

Hängen Sie die fertigen „Das weiß ich schon!"-Plakate gut sichtbar an einer Seitentafel oder Ausstellungsleine (→ siehe Idee 60) auf. Somit haben Ihre Schüler stets die Gelegenheit, sich das Vorwissen ihrer Klassenkameraden anzusehen. Parallel dazu können die Kinder auch ein „Das will ich wissen!"-Plakat erstellen. Jegliche Fragen, die sie schon immer interessiert haben und auf deren Antworten sie neugierig sind, dürfen notiert werden. Lassen Sie die „Das will ich wissen!"-Fragen im Sitzkreis vortragen. Möglicherweise kann bereits die eine oder andere Frage durch einen Mitschüler geklärt werden. Schreiben Sie nun die unbeantworteten Fragen auf Satzstreifen und hängen Sie die Fragen gut sichtbar auf (→ siehe Idee 19). Besonders geeignet ist eine magnetische Tafel (Seitentafel) oder auch eine große Pinnwand. So haben die Kinder immer wieder die Möglichkeit, die Fragen zu lesen, solange das Thema bearbeitet wird. Sobald ein Kind eine Frage beantworten kann, darf es seine Antwort auf eine Antwortkarte schreiben und unter die entsprechende Frage heften. So beantworten sich die Kinder nach und nach ihre Fragen selbst.

Machen Sie doch immer mal wieder eine kurze Zwischenschau und kontrollieren den Stand der Fragen. So verlieren auch Sie nie den Überblick.

Nach Abschluss des Unterrichtsthemas sollten Sie sich nochmals gemeinsam diesen Fragen zuwenden und prüfen, ob alle Fragen beantwortet werden konnten. Sollte dies nicht der Fall sein, geben Sie den Kindern den Auftrag, im Internet oder in Büchern bestimmte Fragen zu recherchieren, und klären Sie die offenen Fragen in einem Abschlussgespräch. Die allerletzten Fragen, die die Kinder sich nicht beantworten können, sind Ihre Aufgabe.

Durch diese Art des Wissens- und Interessens-/Fragenstandes lässt sich das Vorwissen der Kinder und anschließend der Wissenszuwachs Schritt für Schritt dokumentieren.

⚗ Tipps

Sollten Sie keine magnetische Seitentafel oder eine große Pinnwand zur Verfügung haben, kleben Sie einfach alle Fragen auf ein großes Plakat. Gefundene Antworten können die Kinder ganz einfach mit Klebezetteln an das Plakat anbringen.

Auch hier ist es wie bei der Fragenwand (→ siehe Idee 19) eine nette Idee, die Fragen der Kinder mit den entsprechenden Antworten zu dokumentieren und den Kindern als „Unsere Fragen und unsere Antworten"-Arbeitsblatt zu geben. Diese Aufzeichnung kann als Abschluss in das entsprechende Heft geklebt werden.

17 Quiz

Zeitbedarf ➲ ca. 45 Minuten
Jahrgangsstufe ➲ ab 2. Klasse
Fächer ➲ alle Fächer
Sozialform ➲ EA und Klassenstärke

❄ Ziel

Die Schüler sollen sich Fragen sowie Antworten zu einem Thema überlegen und auf Quizkarten notieren.

✂ Material/Vorbereitung

Stifte, leere Quizkarten (z. B. Karteikarten)

⚙ So geht's

Als Abschluss einer Unterrichtssequenz sollen sich die Kinder Quizfragen überlegen. Durch die Formulierung der Fragen wiederholen und sichern die Schüler den erlernten Unterrichtsstoff. Auf kleinen Karten notieren die Schüler auf der

Vorderseite ihre Frage zum Thema. Die Kinder sollten die Möglichkeit bekommen, auch offene Fragen zu stellen, d. h. ohne mögliche Antworten zu nennen, sowie Fragen, bei denen Auswahlantworten mit angegeben werden. Die Lösung der Quizfrage wird auf die Rückseite der Karte notiert. So können die Quizkarten von allen verwendet werden und die Antwort kann immer kontrolliert werden.

Sobald die Kinder ihre Quizkarten erstellt haben, kann das Spiel auch schon losgehen. Möglicherweise spielen sie ähnlich wie bei „Wer wird Millionär?". Es gibt einen Quizmaster, der das Spiel leitet, sowie einen „Kandidaten" und die Klasse als „Publikum". Um möglichst häufig die Rollen zu wechseln, bietet es sich an, nicht zu viele Stufen zu wählen. Die Kandidaten erhalten Joker, ihre Klassenkameraden. So wird die ganze Klasse in das Quiz mit einbezogen und kann Fragen beantworten.

⚡ Tipps

Verwenden Sie als Quizkarten ein etwas festeres Papier, da Sie auf diese Weise die Quizkarten mehrfach verwenden können, ohne sie laminieren zu müssen. Die von den Kindern erstellten Quizkarten lassen sich anschließend auch sehr gut in die Freiarbeit oder auch in einen Wochenplan integrieren.

18 Rätselwand

Zeitbedarf ➲ je nach Rätsel unterschiedlich
Jahrgangsstufe ➲ ab 2. Klasse
Fächer ➲ Deutsch, Mathematik, Sachunterricht, Musik, Kunst
Sozialform ➲ EA, PA, GA

❈ Ziel

Die Schüler sollen lernen, Dinge oder Personen genau zu beschreiben und in Rätselform zu formulieren.

✂ Material/Vorbereitung

Papier, Stifte

✿ So geht's

Kinder lieben Rätsel. Gestalten Sie doch mit Ihrer Klasse eine Rätselwand für Ihr Klassenzimmer. Vorab sollten Sie gemeinsam einige Tipps besprechen, die beim Verfassen eines Rätsels hilfreich sein können.

- Wie sieht das Lebewesen oder der Gegenstand aus?
- Was tut es bzw. was kann es?
- Was ist besonders auffällig daran?

Die Schüler werden schnell feststellen, dass man mit Wiewörtern (Adjektiven) besonders gut beschreiben kann.

Rätsel gibt es in verschiedenen Varianten. So können die Kinder im Deutsch-unterricht beispielsweise Personen-, Dinge-, Tier- oder Pflanzenrätsel schreiben. Auch im Bereich „zusammengesetzte Namenwörter" können die Kinder Rätsel verfassen bzw. in diesem Fall zeichnen. Die Kinder sollen Namenwörter auf Kar-ten zeichnen (z. B. ein Bild mit Regen sowie ein Bild mit einem Wurm), die die Mitschüler so zusammensetzen sollen, dass ein zusammengesetztes Namen-wort entsteht (Regenwurm).

Eine weitere Möglichkeit, jedoch etwas aufwändiger, sind Bildsuchrätsel. Hierzu müssen die Schüler ein Bild 2-mal zeichnen und bei einem dieser Bilder Fehler einbauen, die die Mitschüler suchen müssen.

Im Fach Mathematik können sich die Kinder Knobelaufgaben (z. B. „Wie oft sprichst du das Wort ‚vier', wenn du von 1 bis 100 zählst?"), Schätzaufgaben (z. B. „Wie viele Schüler hat unsere Schule?") oder Sudokus überlegen.

☆ Tipps

Schaffen Sie in Ihrem Klassenzimmer Platz für eine „Rätselwand" (z. B. Seiten-tafel). Dort kann beispielsweise jede Woche „das Rätsel/die Knobelaufgabe der Woche" (je nach Jahrgangsstufe sollte das Rätsel bzw. die Knobelaufgabe natür-lich dementsprechend schwer sein) aufgehängt werden, für deren Lösung die Kinder eine Woche Zeit haben. Am Ende der Woche werden die Tipps der Kin-der vorgelesen und das Rätsel gelöst. In höheren Jahrgangsstufen sind Logicals auch sehr beliebt.

19 Fragenwand

Zeitbedarf ➲	parallel zu einem Thema
Jahrgangsstufe ➲	ab 2. Klasse
Fächer ➲	Sachunterricht
Sozialform ➲	Klassenstärke

⚜ Ziel

Die Schüler sollen ihre Fragen an einer Wand „veröffentlichen" und sich diese gemeinsam bzw. gegenseitig beantworten.

✀ Material/Vorbereitung

Ausstellungswand → Fragenwand, farbiges und weißes Papier, Stifte

✵ So geht's

Eine vorhandene Ausstellungswand (→ siehe Idee 59) kann in eine Fragenwand verwandelt werden. Zu Beginn eines Themas steht die Fragenwand. Die Kinder notieren alle Fragen auf entsprechende farbige Fragenkarten, die sie beispielsweise zum Thema Obst und Gemüse haben.

Diese Fragenkarten heften sie an die Fragenwand. In einer entsprechend von Ihnen vorgegebenen Fragen-Runde können die Kinder die Fragen lesen und gegebenenfalls bereits beantworten.

Hierfür legen Sie weißes Antwortpapier und Stifte unter die Fragenwand. Sie als Lehrkraft können mithilfe der Fragen die Interessen der Kinder erfahren und die Bearbeitung des Themas danach ausrichten. Sollten am Ende ihrer Unterrichtssequenz nicht alle Fragen beantwortet sein, bekommen die Kinder die noch offenen Fragen als (Haus-)Aufgabe mit. Ihre Aufgabe ist es nun, die Antworten zu recherchieren.

Am Ende ist es für alle Kinder spannend, die Fragen mit den Antworten zu bekommen und auch zu Hause herzuzeigen. Hierfür müssten die Kinder jedoch die Fragen vorher abschreiben oder aber Sie tippen diese ab oder kopieren sie für die Kinder.

Probieren Sie es aus! Wir können Ihnen verraten, es kommen unglaublich interessante Fragen dabei heraus. Wissen Sie z.B., woher die Mandarinen ihre weißen Fäden haben?

⚥ Tipps

Lassen Sie die Kinder ihre Fragen auf farbiges Papier schreiben. So bleibt immer sichtbar, welche Zettel die Fragen und welche die Antworten sind. Dadurch bleibt eine gewisse Ordnung und Übersicht erhalten.

20 Unsere Top Ten

Zeitbedarf ➲ längerfristig
Jahrgangsstufe ➲ ab 1. Klasse
Fächer ➲ alle Fächer
Sozialform ➲ Klassenstärke

☀ Ziel

Die Klasse soll eine gemeinsame Hitliste erstellen.

✂ Material/Vorbereitung

Stimmzettel in ca. DIN A6 für jedes Kind, Stifte, Tafel oder Plakat für die Top Ten

 So geht's

Nachdem Ihre Schüler ein Buch vorgestellt haben (→ siehe Idee 48), können Sie gemeinsam mit Ihrer Klasse die Top Ten der Lieblingsbücher gestalten. Dazu erhält jedes Kind einen Stimmzettel und darf darauf das Lieblingsbuch (der vorgestellten Bücher) notieren. Die Auswertung erfolgt gemeinsam (per Strichliste) an der Tafel. Schon ist die Top Ten fertig.

In höheren Jahrgangsstufen können Sie zudem verschiedene Rubriken anbieten, z. B. Abenteuergeschichten, Geschichten für Mädchen, Geschichten für Jungen. Vorteil der Top-Ten-Liste ist der Kommunikationsaustausch der Schüler untereinander sowie die Weiterempfehlung unterschiedlichster Bücher. Statt Büchern können Sie auch Gedichte verwenden. In diesem Fall müssen die Schüler verschiedene Gedichte auswendig lernen. Nach den Gedicht-Vorträgen können sich die Schüler austauschen, welches Gedicht sie am gelungensten fanden und was ihnen am jeweiligen Gedicht besonders gefallen hat (Thema, Rhythmus, Reimform, Prosa usw.).

⚙ Tipps

Auch im Sachunterricht bieten sich Hitlisten an, z. B. „Unsere Lieblings-Haustiere", „Unsere Lieblings-Freizeitbeschäftigung" etc.
Im Musikunterricht können die Kinder, ähnlich wie die Musik-Charts, ihre persönliche Top Ten (Lieblingslied, Lieblingssänger/-gruppe etc.) gestalten.

21 In der Ecke stehen

Zeitbedarf ➲ ca. 10 – 15 Minuten
Jahrgangsstufe ➲ 1. – 4. Klasse
Fächer ➲ Sachunterricht, Deutsch, Mathematik, Religion, Kunst, Musik, Sport
Sozialform ➲ GA

❄ Ziel

Die Schüler sollen sich in Kleingruppen über ein bestimmtes Thema unterhalten bzw. darüber diskutieren.

✂ Material/Vorbereitung

Klassenzimmer

⚙ So geht's

Früher wurden Kinder zur Strafe in die Ecke gestellt. Heutzutage kann man die Ecken eines Klassenzimmers sinnvoller nutzen. Anstatt beispielsweise ein

Diagramm stets schriftlich darzustellen, können Sie auch mit Ihrer Klasse diese eher handelnde Methode anwenden. Jede Ecke des Unterrichtsraumes steht für eine bestimmte Aussage oder Frage zum jeweiligen Unterrichtsthema. Die Kinder sollen sich der jeweils ihnen am meisten entsprechenden Ecke zuordnen. Die somit neu entstandene Kleingruppe darf sich anschließend darüber unterhalten, weshalb sie genau diese Ecke gewählt hat, sowie gemeinsam über die Aussage bzw. die Frage ihrer Ecke diskutieren. Zum Abschluss präsentiert jede Ecke den anderen Ecken ihre Ergebnisse und gewonnenen Erkenntnisse.

Tipps

Ein Beispiel für die 2. Jahrgangsstufe: Thema Haustiere
- Ecke A: Ich mag am liebsten Hunde.
- Ecke B: Ich mag am liebsten Katzen.
- Ecke C: Ich mag am liebsten Hasen.
- Ecke D: Ich mag keine Haustiere.

Diese Methode eignet sich sowohl zum Einstieg in ein Unterrichtsthema, kann aber auch als abschließende Zusammenfassung genutzt werden.

22 Spickzettel

Zeitbedarf ➲	ca. 15–30 Minuten
Jahrgangsstufe ➲	ab 1. Klasse
Fächer ➲	Deutsch, Mathematik, Sachunterricht
Sozialform ➲	EA

❊ Ziel

Die Schüler sollen die wesentlichen Lerninhalte des besprochenen Unterrichtsthemas auf einem Spickzettel dokumentieren.

✂ Material/Vorbereitung

Papier, Stifte

⚙ So geht's

Spickzettel kennen Sie sicherlich noch aus Ihrer Schulzeit. Sie kennen daher vielleicht dieses Gefühl von „Sicherheit". Heutzutage werden Spickzettel häufig auch als Lernmethode eingesetzt, um Ergebnisse, Erkenntnisse bzw. Kernaussagen zu dokumentieren. Nachdem ein Unterrichtsthema besprochen wurde, dürfen die Schüler in der Vertiefungs- und Sicherungsphase einen Spickzettel schreiben. Die Kinder sollen über das Thema nochmals reflektieren und alles notieren (unbedingt handschriftlich), was ihnen wichtig erscheint.

⚙ Tipps

Sagen Sie Ihren Schülern, dass Sie sich vor Prüfungsarbeiten immer wieder ihren Spickzettel anschauen sollen (zu Hause, auf dem Schulweg etc.).

23 Hausaufgaben

Zeitbedarf ➲ abhängig je nach Umfang der Hausaufgabe
Jahrgangsstufe ➲ ab 1. Klasse
Fächer ➲ Deutsch, Mathe, Sachunterricht
Sozialform ➲ EA, PA

⚙ Ziel

Die Schüler erhalten die Möglichkeit, ihre Hausaufgaben den anderen Kindern zu präsentieren sowie eine Rückmeldung über die Anfertigung ihrer Hausaufgabe zu geben und zu bekommen.

✂ Material/Vorbereitung

Hausaufgabe, kleine Tafel oder Pinnwand

⚙ So geht's

Lassen Sie die Schüler immer wieder ihre Hausaufgabe vorstellen. Sie können sich dadurch Arbeit ersparen und die Kinder bekommen nicht nur durch die Lehrkraft, sondern auch durch ihre Mitschüler Rückmeldung über ihre Hausaufgaben.

Ernennen Sie hierfür am Freitag ein bis zwei Hausaufgabenexperten. Diese Kinder wechseln von Hausaufgabe zu Hausaufgabe. Der oder die Hausaufgabenexperten dürfen den anderen Kindern ihre Hausaufgabe präsentieren. Suchen Sie sich hierfür einen festen Ort im Klassenzimmer. Besonders geeignet sind kleine Tafeln an einer Wand oder eine kleine Pinnwand, die Sie an einem geeigneten Ort in Ihrem Klassenzimmer aufhängen. Versehen Sie die Tafel/Pinnwand mit einem Schild „Expertenhausaufgabe". So wissen die Hausaufgabenexperten immer sofort, wo der Platz für ihre Hausaufgabe ist. Sobald die Kinder morgens in die Schule kommen, bringen sie ihre Hausaufgaben an den entsprechenden Ort und machen sie so für alle zugänglich.

Welchen Zweck die Expertenhausaufgabe hat, können Sie entscheiden. Eine Möglichkeit ist es, dass Sie mehrere Experten bestimmen, die ihre Hausaufgaben untereinander kontrollieren, bevor sie sie an die entsprechende Stelle bringen. Diese Hausaufgaben sind dann besonders dafür geeignet, sie als Kontrollhausaufgabe zu verwenden. Die Mitschüler verbessern ihre Hausaufgaben mithilfe der Expertenhausaufgabe. Hierfür ist es wichtig, dass Sie mehrere Hausaufgabenexperten bestimmen. Während die Kinder ihre Hausaufgaben verbessern, stehen die Hausaufgabenexperten für alle Fragen zur Verfügung. Eine andere Möglichkeit ist es, die Kinder ihre Hausaufgaben nur ausstellen zu lassen. Besonders geeignet ist diese Möglichkeit im Bereich Deutsch (Geschichten, Gedichte …), Mathe (neue Rechenwege) und Sachunterricht. Die Mitschüler können den Hausaufgabenexperten im Morgenkreis eine Rückmeldung über ihre Hausaufgaben geben. Achten Sie hierbei darauf, dass die Kinder ihre Rückmeldungen auch begründen. Sie sollten sich nicht mit „Ich finde die Hausaufgabe schön." zufrieden geben. Weiterhin haben Sie hier auch immer wieder die Möglichkeit, das Thema „Schrift" anzusprechen und zu thematisieren, warum es wichtig ist, lesbar zu schreiben.

⚡ Tipps

Bestimmen Sie nicht bei jeder Hausaufgabe Hausaufgabenexperten, denn es sind nicht alle Hausaufgaben dafür geeignet.

Sie könnten die Hausaufgabenexperten aber ritualisieren. Bestimmen Sie immer freitags Ihre Experten. So können am Montag oder auch erst am Dienstag die Hausaufgaben im Morgenkreis reflektiert werden und länger als einen Tag an der entsprechenden Stelle hängen bleiben.

24 Tagebuch

Zeitbedarf ➲ täglich ca. 10 – 15 Minuten
Jahrgangsstufe ➲ 1. – 4. Klasse
Fächer ➲ alle
Sozialform ➲ EA, PA

❉ Ziel

Die Schüler sollen Ereignisse, Erlebnisse bzw. Beobachtungen des Schulalltages schriftlich festhalten.

✂ Material/Vorbereitung

DIN-A4-Heft, Mappe, Tagebuch

⚙ So geht's

Früher schrieben Kinder oder auch Erwachsene gern Tagebücher. Im heutigen Zeitalter wurde das Tagebuch-Schreiben durch moderne Kommunikationsmittel, wie SMS, E-Mail oder Web-Blogs, leider weitgehend abgelöst. Ein Grund mehr, Ihren Schülern das Tagebuch als eine Präsentationsidee wieder nahezubringen. Das Tagebuch ist zudem eine gute Möglichkeit, Ihre Schüler den Schultag nochmals in Ruhe zu Hause reflektieren zu lassen. Klären Sie vorab gemeinsam mit den Kindern, was ins Tagebuch geschrieben werden soll bzw. was nicht erwähnt werden sollte. Jeden Tag darf ein Schüler das Tagebuch mit nach Hause nehmen und notieren, was an diesem Schultag passiert ist. Was haben wir besprochen? Was haben wir Neues gelernt? Hat sich etwas Lustiges ereignet? Es bleibt jedem Schüler überlassen, wie viel er schreiben möchte.
Zu Beginn der 1. Jahrgangsstufe dürfen die Kinder natürlich auch nur vereinzelte Wörter notieren bzw. den Schultag bildlich darstellen. Die Kinder sollten sich zudem überlegen, wie sie ihre persönliche Tagebuch-Seite noch optisch gestalten wollen (z. B. in Form eines Bildes bzw. Dinge hineinkleben). Nehmen Sie sich am folgenden Tag stets kurz Zeit und lassen jeden Eintrag vorlesen bzw. präsentieren. Anschließend wird der nächste Schüler gewählt, der für diesen Tag verantwortlich ist. So geht das Tagebuch in der Klasse herum. Sobald alle Schüler einmal dran waren, startet es wieder von vorn. Sollten Sie merken, dass die Kinder irgendwann keine Lust mehr haben, setzen Sie doch einfach eine kurze Zeit aus und starten Sie nach einiger Zeit wieder. Oder Sie setzen sich von vornherein eine Frist, in der Sie das Tagebuch erstellen wollen.

Es entsteht ein Gemeinschaftswerk, an dem alle Schüler beteiligt sind. So können die Kinder immer wieder in ihr Tagebuch blicken und sehen, was sie denn schon alles erlebt haben. Geben Sie das Tagebuch auch in die nächsten Jahrgangsstufen mit. Je länger es zurückliegt, desto interessanter ist es.

🌣 Tipps

Gestalten Sie doch in der Vorweihnachtszeit ein „Advents-Tagebuch". Jeder Schüler (Partnerarbeit ist natürlich auch möglich) gestaltet eine Seite. In der 1. Jahrgangsstufe können die Kinder beispielsweise „Weihnachts-Wörter" notieren bzw. ein winterliches Bild dazu malen. In den höheren Jahrgangsstufen können die Schüler bereits einige Details zu wichtigen Tagen in der Adventszeit verfassen (z. B. 4. Dezember: Barbaratag, 6. Dezember: Nikolaus, 13. Dezember: Luciafest) usw. Eine weitere Idee für das „Advents-Tagebuch" in höheren Klassen wäre auch, zu notieren, wie andere Länder Weihnachten feiern. Planen Sie mit Ihren Schülern einen Schullandheim-Aufenthalt, kann auch hier jedes Kind sein persönliches „Schullandheim-Tagebuch" schreiben bzw. gestalten. Eine weitere Idee wäre auch ein „Projekttag- oder Projektwoche-Tagebuch". Dafür eignet sich auch die Partner- oder Kleingruppenarbeit. Teilen Sie die Kinder beispielsweise für die Dokumentation bestimmter Experimente etc. ein. Jede Seite sollte mit Fotos und Beschreibungen präsentiert werden.

25 Forscherauftrag

Zeitbedarf ➲ ca. 15–30 Minuten
Jahrgangsstufe ➲ ab 1. Klasse
Fächer ➲ Deutsch, Mathematik, Sachunterricht
Sozialform ➲ GA

⁂ Ziel

Die Schüler erhalten in Kleingruppen einen Forscherauftrag und sollen ihre Ergebnisse dokumentieren.

✂ Material/Vorbereitung

„Forscherauftrag" in schriftlicher Form, zu erforschendes Material

⚙ So geht's

Kinder lieben es, „Forscher", „Entdecker" oder „Detektive" zu sein. Greifen Sie die Vorliebe auf und nutzen Sie diese als Motivation zum forschend-entdeckenden Lernen. Schreiben Sie dazu einen entsprechenden Forscherauftrag auf eine Auftragskarte und geben Sie diese den Kindern. Ihre Schüler sollen in der Gruppe Annahmen entwickeln, diese (bestenfalls) überprüfen und somit möglichst selbstständig die angestrebten Kenntnisse herausfinden.

Forscheraufträge lassen sich sehr gut in Mathematik (z. B. Parkettierungen, Muster, Zahlenfolgen) stellen. In der 3. Klasse könnte ein Forscherauftrag beispielsweise „Finde alle Würfelnetze" lauten. Dazu müssen Sie den Kleingruppen zusätzlich einen Würfel, Papier und Schere zur Verfügung stellen. Die Gruppen dokumentieren schließlich ihre gefundenen Würfelnetze auf dem Forscherblatt. Auch im Deutschunterricht können die Gruppen beispielsweise Rechtschreibfälle selbstständig erforschen.

Im Fach Sachunterricht bieten sich Forscheraufträge hervorragend an (→ siehe Idee 90 oder 91). So können Pflanzen, Tiere, Phänomene etc. erforscht werden.

⚙ Tipps

Fertigen Sie eine nach Ihren Wünschen gestaltete Kopiervorlage an (z. B. Überschrift „Forscherauftrag", Bild eines Forschers, Platz für den Auftrag) und speichern diese auf Ihrem PC ab. So können Sie die Kopiervorlage bei jedem neuen Forscherauftrag schnell abändern und ausdrucken.

26 Geräuschebild

Zeitbedarf ➲ ca. 15 Minuten
Jahrgangsstufe ➲ 1./2. Klasse
Fächer ➲ Sachunterricht, Musik, Kunst
Sozialform ➲ EA

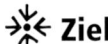

⚕ Ziel

Die Kinder sollen laute und leise Geräusche bewusst wahrnehmen und diese bildlich darstellen.

✂ Material/Vorbereitung

Papier, Stifte, Unterlage

⚙ So geht's

Gehen Sie gemeinsam mit den Kindern auf den Pausenhof und bitten Sie die Schüler, sich allein einen ruhigen Platz zu suchen. Wichtig ist hierbei, dass die Kinder Abstand zueinander halten, um sich nicht gegenseitig zu stören oder abzulenken. Sobald die Kinder „ihren" Platz gefunden haben, schließen sie ihre Augen und achten genau auf alle Geräusche, die sie um sich herum wahrnehmen. Anschließend sollen die Kinder das „Gehörte" bildlich darstellen, indem sie alle Geräusche, die sie gehört haben, auf ihr Papier zeichnen. Dabei gilt:

- laute Geräusche werden groß gezeichnet (z. B. Pausengong ➜ große Glocke),
- leise Geräusche werden klein dargestellt (z. B. Blätterrauschen ➜ kleine Blätter).

Je nach Lust und Laune können die Kinder danach zu ihren Bildern erzählen. Es ist sicherlich interessant, zu erfahren, was sich die einzelnen Kinder dabei gedacht haben, und insbesondere auch, was sie gehört bzw. wahrgenommen haben.

⚗ Tipps

Jedes Kind hat diesbezüglich sicherlich eine andere Wahrnehmung. Für das eine Kind ist ein vorbeifahrendes Auto sehr laut, ein anderes Kind empfindet vielleicht einen bellenden Hund als leise. Alle Ergebnisse sind „richtig", falsch gibt es nicht.

Neben dem Pausenhof sind diverse andere Plätze für das Geräuschebild denkbar, z. B. in der Aula, auf dem Sportplatz etc.

Man kann auch zwei Geräuschebilder an sehr unterschiedlichen (sehr viele und sehr wenige Geräusche) Plätzen zeichnen lassen und anschließend vergleichen. Um den Kindern auch einmal den „Geräuschpegel" im Klassenzimmer bildlich vor Augen zu halten, kann man das Geräuschebild während des Unterrichts erstellen lassen. Bitten Sie zwei Kinder, ein Geräuschebild anzufertigen, ohne dass die Mitschüler davon wissen. Möglicherweise führen Sie dazu eine Bildkarte ein, bei der die Kinder wissen, dass sie nun ein Geräuschebild zeichnen sollen. Dies könnte das entsprechende Kind beispielsweise vor der Tür oder an einem

Einzeltisch anfertigen, um nicht gleich von den anderen Mitschülern entdeckt zu werden. Nutzen Sie dazu zwei sehr unterschiedliche Arbeitsformen, zu denen ein Geräuschebild gezeichnet werden soll, und vergleichen diese am Ende des Schultages.

27 Wiewort-Tier

Zeitbedarf ➲ ca. 15 Minuten
Jahrgangsstufe ➲ 1./2. Klasse
Fächer ➲ Deutsch
Sozialform ➲ EA

⁜ Ziel

Die Kinder zeichnen ein Tier, suchen sich zum Tier passende Wiewörter und notieren diese in ihrem Tier. Zudem sollen sie Wiewörter als eine Form der Beschreibung von Lebewesen bzw. Dingen kennenlernen und verwenden.

✂ Material/Vorbereitung

Papier, Buntstifte

⚙ So geht's

Zunächst überlegen sich die Kinder, zu welchem Tier ihnen möglichst viele passende Wiewörter einfallen, und malen die Umrisse dieses Tieres auf ein Blatt Papier. Anschließend schreiben sie zu dem gemalten Tier ihre gefundenen Wiewörter in die entsprechenden Bereiche des Tieres.

⚘ Tipps

Wiewörter-Bilder können natürlich auch zu Pflanzen, Menschen oder Gegenständen gemalt bzw. geschrieben werden.

28 Bilder gestalten (z. B. aus Sommer-Wörtern)

Zeitbedarf ➲	ca. 30 – 45 Minuten
Jahrgangsstufe ➲	ab Ende 1. Klasse
Fächer ➲	Deutsch, Sachunterricht, Kunst, Mathematik
Sozialform ➲	EA, PA, GA

❋ Ziel

Die Schüler sollen zu einem bestimmten Thema entsprechende Wörter sammeln und diese grafisch in einem Bild darstellen.

✂ Material/Vorbereitung

Skizzenpapier, Tonkarton, Stifte, Computer, Schuldruckerei

⚙ So geht's

Lassen Sie Ihre Schüler zu einem bestimmten Thema oder lediglich zu einem Wort passende Begriffe sammeln (➜ siehe Idee 14). Beispielsweise geben Sie der Klasse vor, „Sommer-Wörter" zu suchen. Geben Sie den Kindern dafür zunächst kurz Zeit, sich in Partner- oder Kleingruppenarbeit auszutauschen und erste Ideen auf einem Skizzenpapier zu notieren (z. B. Sonne, Sonnenschein, Eis, Wasser, Schwimmbad etc.).

Im Anschluss dürfen die Kinder versuchen, ein Bild aus den gefundenen Sommer-Wörtern zu gestalten. Dies kann auf unterschiedliche Art und Weise dargestellt werden.

Es kann nur aus einem Wort (z. B. Sonne) ein Bild gemalt werden. In diesem Fall enthält das Bild lediglich eine Sonne, die durch das geschriebene Wort „Sonne" gezeichnet wird. Das Bild kann natürlich auch mit mehreren „Sommer-Wörtern" gestaltet werden. Der Fantasie der Schüler sind hier keinerlei Grenzen gesetzt. Sie werden sehen, welche kreativen Ergebnisse die Kinder erzielen. Präsentieren Sie die gestalteten Bilder z. B. auf einer Ausstellungsleine (➜ siehe Idee 60), damit auch die Mitschüler die Bilder der anderen betrachten können.

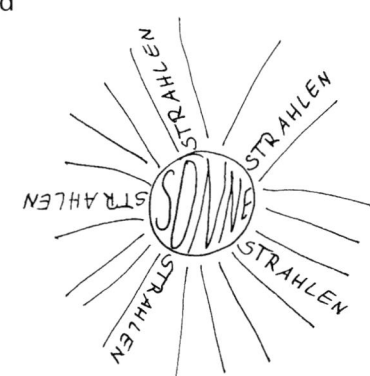

⚒ Tipps

Sie können auch im Geometrie-Unterricht ein „Formen-Bild" gestalten lassen.
Ein Quadrat entsteht dadurch, dass die Kinder 4-mal das Wort „Quadrat" in
Form eines Quadrates aufschreiben.
Diese Bilder können nicht nur handschriftlich gestaltet werden. Sie können
auch auf dem Computer oder mithilfe einer Schuldruckerei dargestellt werden.
Bei der Gestaltung des Bildes sollen die Kinder, wenn möglich, die passende
Farbe wählen. Im Falle des „Sonne"-Beispiels sollte also mit der Farbe Gelb
gearbeitet werden.

29 Präsentationsteller

Zeitbedarf ➲	ca. 1–2 Unterrichtsstunden
Jahrgangsstufe ➲	ab 1. Klasse
Fächer ➲	Deutsch
Sozialform ➲	EA

⁂ Ziel

Die Schüler sollen ihre Werke auf einem gestalteten Teller präsentieren.

✂ Material/Vorbereitung

Pappteller, Farben, Pinsel, Stifte, Papier, Klebstift, Schere, „Schmuckelemente"
(z. B. Schmucksteine, Federn etc.), Ausstellungsleine, Wäscheklammer

⚙ So geht's

Anstatt selbst verfasste Elfchen, Haikus, Akrostichen etc. auf einem besonderen
Blatt auszustellen, können die Kinder auch einen Präsentationsteller entwerfen
sowie gestalten.
Besorgen Sie dazu Pappteller (oder lassen die Kinder von zu Hause welche
mitbringen). Diese dürfen die Schüler zunächst mit Farben grundieren. Im Anschluss daran können die kleinen geschriebenen Werke auf den Präsentationsteller geklebt werden. Schön sieht es auch aus, wenn zusätzlich kleine
„Schmuckelemente" (die bestenfalls noch thematisch zum Werk passen)
auf den Präsentationsteller geklebt werden oder gemalt werden.

Hängen Sie doch im Klassenzimmer oder, wenn möglich, im Gang eine Ausstellungsleine (→ siehe Idee 60) auf, an der Sie die Präsentationsteller aufhängen. Auf diese Weise können alle Kinder auch die Ideen der Mitschüler begutachten.

⚡ Tipps

Spannen Sie die Ausstellungsleine nicht unbedingt quer durch das Klassenzimmer. Besser ist es, sie an einer Wand aufzuhängen. Hier kann man auch mit der Höhe variieren, so dass die Schüler auch die Werke auf den Präsentationstellern lesen können.

30 Lesetipp

Zeitbedarf ➲	ca. 15 Minuten + 3 Minuten Präsentation
Jahrgangsstufe ➲	ab Ende 1. Klasse
Fächer ➲	Deutsch
Sozialform ➲	EA

⚜ Ziel

Die Schüler sollen zu einem ihrer Lieblingsbücher bzw. zu einem Buch, das sie ihren Mitschülern empfehlen würden, einen kurzen, aber prägnanten Lesetipp geben.

✂ Material/Vorbereitung

(Lieblings-)Buch, Schmuckblatt

⚙ So geht's

Zunächst wählen Ihre Schüler ein Buch aus, welches sie ihren Mitschülern empfehlen möchten. Dazu fertigen sie einen kurzen Lesetipp an, der nicht allzu viel verrät, aus dem die Klassenkameraden aber dennoch die wichtigsten Informationen ziehen können.

- Wie heißt das Buch?
- Wer hat es geschrieben?
- Warum sollten andere genau dieses Buch lesen?

Sie könnten beispielsweise einmal in der Woche 2–3 Lesetipps kurz vorstellen lassen. Erklären Sie den Kindern, dass sie bei der Präsentation ihres Lesetipps nicht zu viel verraten sollen, damit die Spannung aufrechterhalten bleibt. In höheren Jahrgangsstufen können Sie evtl. eine Buchausstellung durchführen. Dazu kann jeder Schüler ein Buch auswählen, dieses lesen und dazu einen Lesetipp schriftlich fixieren. Auch kritische Worte können durchaus auf einem Lesetipp Platz finden.

⚡ Tipps

Damit der Lesetipp auch visuell sichtbar bleibt, bietet es sich an, die Vorderseite des Buches zu kopieren, diese auf ein DIN-A4-Plakat zu kleben und daneben den Lesetipp zu schreiben bzw. zu kleben. Gegen Ende des Schuljahres können Sie alle Lesetipps zu einem Klassen-Lesetipp-Buch (→ siehe Idee 47) binden, das Sie u.a. auch an einem Elternabend präsentieren können.

31 Buchdeckblatt

Zeitbedarf ➭	ca. 45–90 Minuten
Jahrgangsstufe ➭	ab Mitte 2. Klasse
Fächer ➭	Deutsch
Sozialform ➭	EA, PA

❋ Ziel

Die Schüler sollen ein eigenes Buchdeckblatt gestalten, mit dem sie andere Kinder auf das Buch neugierig machen.

✂ Material/Vorbereitung

verschiedene Bücher oder Deckblätter, DIN-A4-Papier, diverse Stifte

⚙ So geht's

Zunächst werden verschiedene Buchdeckblätter genauer betrachtet.

- ▪ Was ist darauf zu finden?
- ▪ Welche gefallen mir und warum?
- ▪ Welches Buch möchte ich gern lesen oder mir kaufen?

Nachdem die Deckblätter betrachtet wurden, werden gemeinsam die Kriterien, die ein gutes Buchdeckblatt erfüllen soll, erarbeitet. Hier sollen vor allem die Kinder ihre Ideen und Vorstellungen einbringen. Ein „gutes" Deckblatt lässt den Autor und den Titel des Buches gut erkennen. Darüber hinaus lädt ein Deckblatt, das einen auf die Geschichte oder auf den Inhalt (Lexikon) neugierig macht, ein, es selbst zu lesen. Das heißt, nur Autor und Titel sind zu wenige Informationen für ein interessantes Deckblatt. Ein zum Buch passendes Bild ist beispielsweise hilfreich. Dabei ist es jedoch wichtig, dass das Bild zwar neugierig macht, aber noch nicht zu viel verrät. Ein weiteres Kriterium für ein gelungenes Deckblatt ist, dass es nicht mit Informationen oder mit zu vielen Bildern überladen ist.

Nachdem die Kinder ihre Buchdeckblätter angefertigt haben, werden diese in der Klasse ausgestellt. Gemeinsam mit den Kindern kann nun besprochen werden, welches der Deckblätter besonders gelungen ist und woran dies liegt.

⚥ Tipps

Die Schüler können ein Buchdeckblatt zu einem „erfundenen" Buch anfertigen oder auch zu einer Klassenlektüre, die gemeinsam gelesen worden ist.
Alle gesammelten Buchdeckblätter der Klasse können auch zu einem Buch gebunden werden (→ siehe Idee 47).

32 Guckloch

Zeitbedarf ➲	ca. 1–2 Unterrichtsstunden
Jahrgangsstufe ➲	ab 1. Klasse
Fächer ➲	Deutsch
Sozialform ➲	EA

Kopiervorlage zu Idee 32 → S. 186

✳ Ziel

Die Schüler sollen sich intensiv mit einem Text auseinandersetzen und ihre persönliche Meinung kurz dokumentieren.

✂ Material/Vorbereitung

Buch, Hörspiel, Kopiervorlage „Guckloch" (S. 186), Stifte, Schere

⚙ So geht's

Das Guckloch ist ein „Mini-Buch" zu einem Buch und bietet einen kurzen Blick in die Geschichte. Gezeigt wird hierbei, was den Kindern an der Geschichte wichtig erscheint und wie sie den Text bewerten.

Nachdem die Schüler einen Text gelesen haben oder Sie Ihnen ein Buch vorgelesen haben, können Sie ein Guckloch anfertigen lassen. Dieses kann leicht aus einem DIN-A4-Blatt gebastelt werden. Auf der Vorderseite sollen die Schüler ihren Namen notieren sowie den Titel des Buches/der Geschichte und den Autor. Anschließend wird das Guckloch ausgeschnitten. Auf der Rückseite können die Kinder bewerten, wie sie das Buch/die Geschichte fanden.

In der 1. Klasse können die Kinder ihre Meinung in Form eines Smileys (☺ ☹) angeben, während Schüler höherer Jahrgangsstufen ihre Bewertung durchaus in einigen kurzen Sätzen formulieren können. Im Guckloch (auf der Innenseite) wird ein Kreis gezeichnet. In diesen Kreis sollen die Schüler einen wichtigen Protagonisten der Geschichte, eine Szene oder ihre Lieblingsstelle zeichnen. Dieses Bild sollte anschließend in einem Satz näher erläutert werden. Fertig ist das Guckloch!

☀ Tipps

In den unteren Jahrgangsstufen empfiehlt es sich, das Guckloch bereits vorher zu falten und den Kreis auszuschneiden.

Lesen Sie Ihrer Klasse ein Buch vor und bitten Sie sie, ein Guckloch zu der spannendsten Stelle oder zu ihrer Lieblingsstelle anzufertigen. Es ist überaus interessant, zu sehen, welche Stelle die einzelnen Schüler wählen und wie sie das Buch bewerten.

Stellen Sie doch die Gucklöcher Ihrer Klasse an einem Elternabend aus.

 **Witz/Zungenbrecher**

Zeitbedarf ➲	ca. 5 Minuten
Jahrgangsstufe ➲	ab 1. Klasse
Fächer ➲	Deutsch
Sozialform ➲	EA

⁂ Ziel

Die Schüler sollen lernen, verständlich sowie ausdrucksvoll zu sprechen.

✂ Material/Vorbereitung

Witze-/Zungenbrecher-Kartei

⚙ So geht's

Witze erzählen kann man üben. Sie kennen das sicher auch: Sie möchten einen Witz erzählen und plötzlich kommen Sie ins Stocken, sind unsicher oder haben sogar die Pointe vergessen.

Einen Witz oder einen Zungenbrecher vorzutragen, eignet sich hervorragend als Hinführung zum Gedichtvortrag bzw. Referat. Ein Witz bzw. Zungenbrecher dauert höchstens ein bis zwei Minuten. Präsentieren Sie zunächst ihren Lieblingswitz und lassen anschließend mutige Schüler weitere Witze vortragen. Besprechen Sie im Plenum, worauf es beim Erzählen eines Witzes ankommt. Der Witz sollte natürlich flüssig vorgetragen werden, bestenfalls sogar mit Mimik und Gestik unterstützt werden. Die Zuhörer dürfen den Vortragenden nicht unterbrechen (z. B. „Den Witz kenn' ich schon"). Sollte beim Sprechen dennoch etwas „schiefgehen", sollen die Schüler versuchen, ihr „Missgeschick" in irgendeiner Weise zu überspielen.

Bei Zungenbrechern kommt es insbesondere auf die genaue Artikulation an. Auch hier ist Übung gefragt, denn bekannterweise kann man dabei sehr schnell ins Stolpern geraten. Vermitteln Sie Ihren Schülern, dass es bei der Präsentation des Zungenbrechers keinesfalls um Schnelligkeit, sondern um die richtige Sprechweise geht.

⚓ Tipps

Sicher sind die Kinder bei ihrem ersten Auftritt als „Comedian" nervös. Dieser Nervosität kann entgegengewirkt werden, indem die Schüler bereits vorab,

z. B. ihrer Familie, den Witz bzw. Zungenbrecher präsentieren. Stellen Sie in Ihrer Klasse eine Witze- bzw. Zungenbrecher-Kartei aus. Sie werden sehen bzw. sicher auch hören, wie sich die Schüler köstlich amüsieren, sei es über den Inhalt oder über die Präsentation. ☺

Beispiel für Zungenbrecher:

- Esel essen Nesseln nicht, Nesseln essen Esel nicht.
- Auf dem Rasen rasen Hasen, atmen rasselnd durch die Nasen.
- Plötzlich plappert Papas Papagei putzige Sätze. Putzige Sätze plappert Papas Papagei plötzlich.

Beispiel für kurze Witze:

- Treffen sich zwei Mäuse und plaudern. Auf einmal fliegt eine Fledermaus vorbei. Da sagt die eine Maus zur anderen: „Wenn ich groß bin, werd ich auch Pilot!"
- Zwei Fliegen krabbeln über einen Globus. Als sie sich zum dritten Mal begegnen, meint die eine zur anderen: „Wie klein die Welt doch ist."

34 Gedichte verändern

Zeitbedarf ➲	ca. 30 – 45 Minuten
Jahrgangsstufe ➲	ab 2. Klasse
Fächer ➲	Deutsch
Sozialform ➲	EA, PA

❄ Ziel

Die Schüler sollen ein ihnen bekanntes Gedicht umschreiben und so zu ihrem eigenen Gedicht machen.

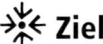 Material/Vorbereitung

Gedicht (Vorschläge s. u.), Entwurfspapier, Schmuckpapier, ggf. Präsentationsstuhl (➥ siehe Idee 4)

So geht's

Wählen Sie vorab ein Gedicht aus, das von den Kindern leicht umgeschrieben werden kann. Je nach Jahrgangsstufe können Sie durch die Auswahl des Gedichtes, den Schwierigkeitsgrad an Ihre Schüler anpassen. Sofern Ihre Schüler noch kein Gedicht umgeschrieben haben, ist es ratsam, ein einfaches Gedicht für den Anfang zu wählen (z. B. „Mein Ball" von Josef Guggenmos → umschreiben in „Meine Mama" oder „Mein Papa").

Ziel ist es, dass die Kinder ein Original-Gedicht verändern und zu ihrem eigenen machen. Der Bezug zum Ursprungsgedicht muss aber weiterhin erkennbar bleiben.

Lesen Sie das Gedicht mit den Kindern gemeinsam durch und sprechen Sie über den Inhalt. Worum geht es in dem Gedicht? Was ist typisch für dieses Gedicht? Welche Besonderheiten hat es?

Sobald alle Fragen zum Gedicht geklärt sind und den Schülern Inhalt und Kennzeichen klar sind, können Sie im Plenum überlegen, wie man das Gedicht verändern kann. Diese Veränderungsmöglichkeiten sind sehr vom Gedicht abhängig.

Ein Sommergedicht (z. B. das Gedicht „Sommer" von Ilse Kleberger) lässt sich möglicherweise in ein Winter- oder Frühlingsgedicht ändern.

Weitere Möglichkeiten wären das Austauschen der Reimwörter, das Verändern oder Austauschen häufig vorkommender Wörter …

Lassen Sie die Kinder ihre Ideen äußern und wählen Sie, möglicherweise auch gemeinsam mit den Kindern, eine Veränderungsmöglichkeit aus.

Nun können die Kinder in Einzel- oder auch Partnerarbeit ihre Ideen auf einem Entwurfspapier sammeln. Auf dem Entwurfspapier dürfen die Kinder durchstreichen, mit Pfeilen arbeiten, drüberschreiben etc. Sobald die Schüler mit ihrem Gedicht zufrieden sind, können sie sich ein Schmuckpapier holen und ihr Gedicht darauf notieren. Anschließend kann das Gedicht der Klasse präsentiert werden. Hierfür können Sie den Präsentationsstuhl (→ siehe Idee 4) oder auch die Ausstellungswand (→ siehe Idee 59) oder Ausstellungsleine (→ siehe Idee 60) verwenden.

Tipps

Erlauben Sie doch auch einmal verschiedene Veränderungsvorschläge zu einem Gedicht und lassen Sie sich von der Kreativität Ihrer Schüler überraschen. Den Kindern muss nur klar sein, dass sie das Originalgedicht nicht aus den Augen verlieren dürfen.

Wählen Sie ein Schmuckpapier, das zum Thema des Gedichtes passt, aus oder lassen Sie die Kinder ihr ganz individuelles Schmuckpapier selbst gestalten.

<u>Vorschläge für Gedichte, die sich gut verändern lassen:</u>
(sämtliche Gedichte finden Sie über die Suchmaschine „www.google.de")

- „Das Sommergedicht" von Ilse Kleberger in ein Gedicht einer anderen Jahreszeit
- „Mein Ball" von Josef Guggenmos z. B. in „Mein Papa" oder „Meine Mama"
- „Der Schnee …" von Jürg Schubiger z. B. in „Der Regen" oder „Der Sonnenschein"
- „Der Zauberstein" von Roswitha Fröhlich z. B. in „Die Wunschfeder"
- „Meeresstille" von Johann Wolfgang von Goethe z. B. in „Waldeslärm"

Meeresstille	Waldeslärm
Tiefe Stille herrscht im Wasser,	Lauter Krach herrscht im Wald,
ohne Regung ruht das Meer,	starke Biegung in den Bäumen,
und bekümmert sieht der Schiffer	und mit Sorge sieht der Förster
glatte Fläche ringsumher.	umgeknickte Bäume ringsumher.
Keine Luft von keiner Seite!	Starke Stürme von allen Seiten!
Todesstille fürchterlich!	Lauter Krach fürchterlich!
In der ungeheuern Weite	In dem stark bewachsenen Wald
reget keine Welle sich.	schüttelt jeder Baum sich.
Johann Wolfgang von Goethe (1749–1832)	

35 Rezept

Zeitbedarf ➲ ca. 45 Minuten
Jahrgangsstufe ➲ ab 2. Klasse
Fächer ➲ Deutsch
Sozialform ➲ EA, GA, Klassenstärke

☀ Ziel

Die Schüler sollen ihr Lieblingsrezept so notieren können, dass ihre Mitschüler die Rezepte nachkochen können.

✂ Material/Vorbereitung

Schreiben eines gemeinsamen Rezeptes, Lieblings-Rezept, Kochbücher, Schmuckblätter

So geht's

Lassen Sie als vorbereitende Hausaufgabe Rezepte von den Lieblingsspeisen Ihrer Schüler mitbringen, welche die Kinder im Klassenverband vorstellen dürfen. Um das Ganze etwas aufzupeppen, können die Schüler auch lediglich die Zutaten nennen und die Klassenkameraden dürfen raten, um welche Speise es sich handelt.

Bereiten Sie im Unterricht zunächst ein einfaches Rezept zu, beispielsweise eine Bananenmilch oder einen Fruchtquark. Mithilfe dieses Vorganges können Sie gemeinsam mit Ihren Schülern wesentliche Kriterien für ein Rezept erarbeiten. Als Alternativ-Einstieg können Sie auch in Gruppenarbeit unterschiedlichste Kochbücher analysieren lassen. Erteilen Sie den Arbeitsauftrag, wesentliche Kriterien bzw. die Besonderheiten eines Rezeptes zu erarbeiten. Ein Rezept sollte immer mit einer Überschrift beginnen, die genau sagt, was zubereitet wird. Weiterhin müssen alle benötigten Zutaten (inkl. Mengenangaben) sowie Arbeitsmaterialien notiert werden. Schwierigkeiten bei der Erstellung eines Rezeptes bereitet den Kindern oft die genaue Einhaltung der richtigen Reihenfolge bzw. die Vollständigkeit der einzelnen Arbeitsschritte. Hier kann eventuell eine Fotodokumentation (→ siehe Idee 93) Abhilfe schaffen, die Sie Ihren Schülern zur Verfügung stellen können. Vermitteln Sie Ihren Schülern, dass jeder Arbeitsschritt kurz und sachlich notiert werden sollte. Auch auf gestalterische Mittel sollten Sie eingehen, indem Sie gemeinsam mit den Kindern abwechslungsreiche Satzanfänge suchen bzw. die Sätze umstellen.

Verfassen Sie zusammen ein „Muster-Rezept", um den Kindern vor Augen zu führen, wie Sie sich die Beschreibung eines Rezeptes vorstellen.

✂ Tipps

Gestalten Sie doch ein Klassen-Kochbuch (→ siehe Idee 47). Die Kinder machen sich zu Hause Notizen über die benötigten Zutaten bzw. Arbeitsmaterialien eines leichten Rezeptes, das sie selbst schon einmal zubereitet haben. Im Deutschunterricht können die Schüler schließlich ihr Rezept mithilfe der Schreib-Tipps notieren, welches anschließend in Gruppenarbeit genau besprochen und überarbeitet wird. Nach der Überarbeitung und Korrektur gestalten die Kinder ihre Rezepte auf besondere Weise (Schmuckblatt) und Sie können diese schließlich zu einem Klassen-Kochbuch binden. Vielleicht finden Sie auch Zeit, um das eine oder andere Rezept mit Ihrer Klasse zu kochen bzw. zuzubereiten.

36 Weitergeb-Geschichte

Zeitbedarf ➲ ca. 20–30 Minuten
Jahrgangsstufe ➲ ab 1. Klasse
Fächer ➲ Deutsch
Sozialform ➲ GA

❋ Ziel

Die Schüler sollen in Kleingruppenarbeit eine Geschichte verfassen und sich diese präsentieren.

✂ Material/Vorbereitung

Papier mit Geschichtenanfang, Stifte

✲ So geht's

Teilen Sie die Klasse zunächst in kleine Gruppen (max. 5 Kinder) ein. Präsentieren Sie den Gruppen einen kurzen Geschichtenanfang, der bereits auf Papier kopiert ist.

Jedes Kind hat nun den Beginn der Geschichte vor sich liegen und soll sich jetzt einen (!) Satz überlegen und diesen gut lesbar dazuschreiben. Anschließend gibt jedes Kind sein Blatt im Uhrzeigersinn an das nächste Kind weiter. Dieses muss den bisher geschriebenen Text gut durchlesen und einen weiteren Satz notieren, der auch inhaltlich passt. Dies wird so lange wiederholt, bis jedes Kind wieder sein eigenes Blatt zurückerhält. Der erste Schreiber liest nun den bisherigen Gruppen-Text durch und darf das Ende der Weitergeb-Geschichte verfassen. Zudem sollte sich jedes Kind noch eine passende Überschrift überlegen. Zum Abschluss darf jedes Kind seine Geschichte vorlesen.

In der Gruppe wird nun darüber gesprochen: Welche Geschichte gefällt uns am besten? Was gefällt uns an der Geschichte gut bzw. nicht so gut? Achten Sie auch stets darauf, dass die Kinder ihre Meinung in ganzen Sätzen äußern sowie diese begründen und nicht einfach nur mit „Die Geschichte gefällt mir gut bzw. nicht." antworten.

❧ Tipps

Die Weitergeb-Geschichte ist insbesondere für leistungsschwächere Schüler eine gute Idee. Sie kennen das sicher, dass manche Kinder vom Bereich „Texte verfassen" nicht wirklich begeistert sind. Oftmals fällt ihnen nur wenig zu einer Geschichte ein bzw. wissen sie einfach nicht, wie sie ihre Ideen schriftlich umsetzen sollen. Hier müssen sie lediglich einen Satz notieren.

Auch für Schreibanfänger in der 1. Klasse ist die Weitergeb-Geschichte sehr gut geeignet, um sie an das Schreiben von Geschichten heranzuführen.

37 Familien-Stammbaum

Zeitbedarf ➲	ca. 2–3 Unterrichtsstunden
Jahrgangsstufe ➲	ab 1. Klasse
Fächer ➲	Deutsch, Sachunterricht, Kunst
Sozialform ➲	EA

Kopiervorlage zu Idee 37 → S. 187

☀ Ziel

Die Schüler sollen sich bewusst mit der eigenen Persönlichkeit auseinandersetzen und einen Stammbaum zeichnerisch (oder mit Fotos) anfertigen.

✂ Material/Vorbereitung

DIN-A3-Papier, Stifte, evtl.: selbst gestaltete Stammbaum-Vorlage oder vergrößerte Kopie der Vorlage auf S. 187, Farbkasten, Pinsel, Fotos, Klebstift, Tonkarton

✵ So geht's

Ab einem bestimmten Alter wollen Kinder wissen, wo sie herkommen bzw. stellen ihren Eltern/Großeltern Fragen, wie es früher war. Ein Familien-Stammbaum kann den Kindern bei der Suche nach ihrem „Ich" helfen. Zudem können sie sich, mithilfe der Stammbaum-Darstellung, als Glied einer langen Kette verstehen.

Zu Beginn dieser Einheit sollte zunächst ein Unterrichtsgespräch stehen, in dem die Schüler (freiwillig) von ihrer familiären Situation berichten dürfen („Zu meiner Familie gehören ich, mein Bruder, Mama, Papa, Oma, Opa etc.").

Präsentieren Sie der Klasse im Anschluss einen Familien-Stammbaum und lassen die Kinder dazu erzählen. Einige Kinder kennen bereits einen Stammbaum von zu Hause und können den Mitschülern das „Konzept" dieser Darstellung erläutern.

Aufgabe der Schüler ist es nun, selbst einen Stammbaum ihrer eigenen Familie anzufertigen. Dazu dürfen die Kinder einen großen Baum auf ein DIN-A3-Papier zeichnen. Überlassen Sie es den Kindern, wie sie ihren Stammbaum gestalten möchten, d. h. ob sie sich und ihre Verwandten zeichnen möchten oder von zu Hause Bilder mitbringen und diese in den Stammbaum kleben. Damit der Stammbaum etwas stabiler wird, sollten die Kinder ihr Bild noch auf einen (farbigen) Tonkarton kleben.

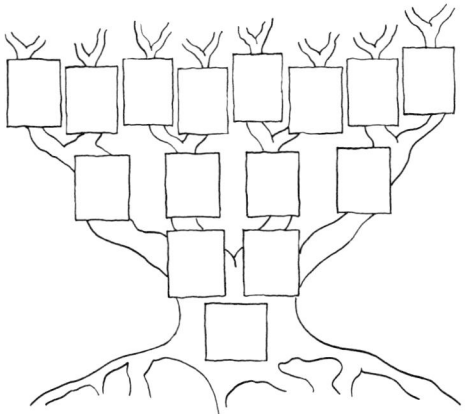

Zum Abschluss darf selbstverständlich jedes Kind seinen eigenen Familien-Stammbaum präsentieren und vorstellen, wer zu seiner Familie gehört.

⅋⁺ Tipps

Bedenken Sie, dass es heutzutage nicht verständlich ist, dass jedes Kind in einer „typischen" Familie (Vater, Mutter, Kind) aufwächst. Gehen Sie deshalb besonders sensibel mit den verschiedenen Familiengeschichten um und thematisieren Sie zunächst auch die unterschiedlichen Familienmodelle, die Sie in Ihrer Klasse haben bzw. die Kinder durch Nachbarn oder Freunde kennen. Eine nette Idee ist es auch, auf die Rückseite des Familien-Stammbaums Besonderheiten der jeweiligen Personen zu notieren (z. B. „Oma erzählt die tollsten Geschichten" oder „Papa kocht am besten Spaghetti").

Im Anschluss an diese Sequenz können Sie beispielsweise noch darüber sprechen, wie es zu Omas Zeiten war (Womit haben Oma und Opa früher gespielt? Wie war es zu Omas Zeiten in der Schule?). Laden Sie doch eine Oma oder einen Opa zur „Expertenbefragung" (→ siehe Idee 83) ein.

38 Zeitleiste

Zeitbedarf ➲	ca. 1–2 Unterrichtsstunden
Jahrgangsstufe ➲	ab 3. Klasse
Fächer ➲	Sachunterricht
Sozialform ➲	EA, PA, GA

※ Ziel

Die Schüler sollen wichtige Ereignisse der Orts-/Stadtgeschichte in eine Zeitleiste eintragen.

✂ Material/Vorbereitung

(Ton-)Papier, Stifte, Fotos, Ortsprospekte

⚙ So geht's

Im Rahmen des Sachunterrichts behandeln Sie sicher das Thema „Orts- bzw. Stadtgeschichte". Dazu nehmen die Kinder die Geschichte ihres Heimatortes genauer unter die Lupe und gehen auf die Suche nach wichtigen Ereignissen. Dazu können sie in Büchern recherchieren, Personen befragen oder aber auch im Rathaus um Informationsmaterial bitten.

Im Anschluss daran sollten Sie gemeinsam die zusammengetragenen Ergebnisse besprechen. Teilen Sie die Schüler nun in Gruppen ein und lassen eine Zeitleiste anfertigen. Es bleibt Ihnen überlassen, wie Sie in die Vergangenheit reisen wollen. Auch die Gestaltung der Zeitleiste ist variabel. So kann die Zeitleiste horizontal angefertigt werden, d.h. frühere Ereignisse stehen weiter links, spätere dementsprechend weiter rechts. Die Kinder können ihre Zeitleiste aber auch vertikal anordnen, dabei stehen die ältesten Ereignisse weiter unten. Die Kinder können nun beispielsweise Tonpapierstreifen (DIN-A4-Papier einmal längs gefaltet und durchgeschnitten) aneinanderkleben und beschriften.

Eine weitere Möglichkeit wäre auch, eine Schnur zu spannen und beschriftete Karten mit Wäscheklammern an die Schnur zu hängen.

☆ Tipps

Eine gute Möglichkeit, in die Arbeit mit der Zeitleiste einzusteigen, ist die persönliche Zeitleiste. Lassen Sie die Kinder wichtige Ereignisse ihres bisherigen Lebens in eine Zeitleiste eintragen (z.B. Geburt, die ersten Schritte, erster

Kindergartentag, erster Schultag, erster Milchzahn ausgefallen, Geburt von Geschwistern etc.).

Weiterhin können Sie Ihren Schülern (der oberen Jahrgangsstufen) auf einer von Ihnen vorgefertigten Zeitleiste wichtige Daten aus der Weltgeschichte oder der Erfindungen vorgeben, zu denen die Kinder das jeweilige Ereignis herausfinden sollen. Hierbei können die Schüler im Internet, in Büchern bzw. Lexika recherchieren oder ihre Eltern befragen.

39 Mein Ich-Buch

Zeitbedarf ➲ ca. 45 – 90 Minuten
Jahrgangsstufe ➲ ab 1. Klasse
Fächer ➲ Deutsch, Sachunterricht, Kunst, Ethik, Religion
Sozialform ➲ EA

⁂ Ziel

Die Schüler sollen die Zeitlichkeit sowie Veränderungen der eigenen Person wahrnehmen und ein „Erinnerungsbuch" gestalten.

✂ Material/Vorbereitung

Schnellhefter und Papier oder DIN-A4-Heft/Mappe, Stifte, Klebstift, Schere, Fotos

❂ So geht's

„Als du noch klein warst, hast du, bist du, konntest du …" – Das hören Kinder oft von ihren Eltern oder Großeltern. Sprechen Sie doch auch mal in der Schule darüber, wie es war, als Ihre Schüler noch klein waren. Es ist sehr interessant, zu erfahren, woran sich die Kinder noch erinnern können. Gern erzählen sie von persönlichen „Anekdoten", wie sie als Baby waren und was sie als Kleinkind „angestellt" haben oder aber auch von Erlebnissen mit Geschwisterkindern. Lassen Sie die Schüler ihr persönliches „Erinnerungsbuch" gestalten. In dieses können Fotos eingeklebt werden, wichtige Daten (Geburtsdatum, Größe und Gewicht bei der Geburt) notiert werden sowie die ersten Wörter oder lustige Anekdoten hineingeschrieben werden. Der Kreativität sind hier keine Grenzen

gesetzt. Sie werden sehen, mit welchem Eifer die Kinder ihre Erinnerungs-
bücher gestalten.

 Tipps

Als vorbereitende Hausaufgabe sollten die Kinder einige Dinge mitbringen,
beispielsweise Fotos von sich als Baby bzw. Kleinkind, Babykleidung, Lieblings-
Kuscheltier etc. Natürlich sind die Schüler hier auf die Hilfestellung der Eltern
angewiesen. Fragen Sie auch die Kinder, was ihrer Meinung nach alles in ein
Erinnerungsbuch gehört und passt.
Lassen Sie jedes Kind ein Baby-Foto (auf der Rückseite mit Bleistift den Namen
notieren) mitbringen, stellen Sie diese aus und lassen die Schüler raten, wer wer
ist. Sie können dies auch als Quiz gestalten, indem Sie neben jedes Baby-Foto
Ihrer Schüler einen Buchstaben notieren. Die Kinder können auf einem Blatt
Papier hinter den jeweiligen Buchstaben ihre Vermutung schreiben, wer das
Kind auf dem Baby-Foto sein könnte. Abschließend wird natürlich gemeinsam
aufgelöst, wer sich hinter den Baby-Fotos verbirgt.
Vielleicht kennen Ihre Schüler Geschichten bzw. Bücher, in denen Kinder etwas
„anstellen". Lassen Sie Bücher mitbringen und gestalten dazu eine „Vorlese-
stunde".

40 Zukunftsvision

Zeitbedarf ➲ ca. 45 Minuten	
Jahrgangsstufe ➲ ab 1. Klasse	
Fächer ➲ Deutsch, Sachunterricht, Ethik, Religion	
Sozialform ➲ EA	

⚜ Ziel

Die Schüler sollen sich Gedanken über ihre persönliche Zukunft machen und
diese in Form einer „Zukunftsvision" notieren.

✂ Material/Vorbereitung

(Ton-)Papier, Stifte

⚙ So geht's

Ähnlich wie beim „Mein-Ich-Buch" (→ siehe Idee 39) sollen sich die Schüler Gedanken über ihre eigene Person machen. Nun geht es jedoch darum, einen Blick in die Zukunft zu richten. Wie könnte mein Leben in 30, 40 oder sogar 50 Jahren aussehen? Geben Sie den Kindern einige Stichpunkte vor, zu denen sie Überlegungen anstellen sollen.

Wie sehe ich in 30 Jahren aus (Kinder sollen ein Bild von sich zeichnen)? Welchen Beruf habe ich in 30 Jahren? Wer gehört zu meiner Familie? Wo wohne ich? Welche Hobbys habe ich? Welches Auto fahre ich? Was sind meine Wünsche? Was ist in meinem Leben anders als bei meinen Eltern?

Beziehen Sie ruhig auch technische Neuerungen ein. Welche Erfindungen gibt es vielleicht in 30 Jahren? Sicherlich fallen Ihren Schülern noch etliche andere Punkte ein. Lassen Sie die Schüler Plakate (→ siehe Idee 8) zu ihren persönlichen Zukunftsvisionen gestalten und stellen Sie diese an einer Ausstellungswand (→ siehe Idee 59) aus.

⚙ Tipps

Anstatt die Zukunftsvision als Plakat gestalten zu lassen, können Sie natürlich beispielsweise auch ein Leporello (→ siehe Idee 5) erstellen lassen.

41 Das-bin-ich-Bild

Zeitbedarf ➲	ca. 45 – 90 Minuten
Jahrgangsstufe ➲	1./2. Klasse
Fächer ➲	Deutsch, Sachunterricht
Sozialform ➲	EA, PA, Klassenstärke

✳ Ziel

Jedes Kind soll sich Gedanken über seine individuellen Stärken (oder auch Schwächen) machen und diese notieren.

✂ Material/Vorbereitung

große Papierbögen (je nach Größe der Kinder), Stifte

⚙ So geht's

Das „Das-bin-ich-Bild" ist eine gute Möglichkeit, den Kindern ihre persönlichen Stärken vor Augen zu führen. Bitten Sie daher die Kinder, sich zunächst Gedanken darüber zu machen, was sie besonders gut können, was sie sind (Charaktereigenschaften, wie z. B. hilfsbereit, freundlich, höflich etc.) oder auch was sie gerne, mögen. Ihre Überlegungen können die Kinder auch in einer Mind-Map (→ siehe Idee 1) schriftlich festhalten.

Nun legen sich die Kinder auf einen großen Bogen Papier und lassen sich von einem Partner den Umriss ihres Körpers nachfahren. Anschließend wird die Ich-Figur ausgeschnitten. Die Kinder gestalten ihr „Das-bin-ich-Bild", indem sie ihre jeweiligen Stärken, Charaktereigenschaften oder was sie gut können bzw. auch gern mögen in ihr „Das-bin-ich-Bild" hineinschreiben oder kleben. Neben Charaktereigenschaften können auch die Lieblingssportarten, Hobbys, Lieblingsessen, -farbe, -tiere … in die Figur geschrieben oder auch hineingeklebt werden. Zum Schluss darf jedes Kind sein persönliches „Das-bin-ich-Bild" der Klasse präsentieren.

⚙ Tipps

Falls Kinder Probleme haben sollten, genügend positive Eigenschaften oder „Lieblings…" zu finden, besprechen Sie dies gemeinsam im Plenum.

Eine schöne Idee ist es auch, wenn die Klassenkameraden das „Das-bin-ich-Bild" füllen, indem sie etwas Nettes über das jeweilige Kind in die Figur schreiben. Auf diese Weise kann ein „Das-bist-du-Bild" entstehen. Als Alternative können die Kinder auch nur ihre Hände und Füße umfahren und mit entsprechenden Wörtern füllen.

Papierrollenreste kann man häufig in Druckereien von Zeitungen günstig, teilweise kostenlos, erwerben.

42   Gefühle sichtbar werden lassen

      Zeitbedarf ➲ ca. 10 Minuten
Jahrgangsstufe ➲ ab 1. Klasse
     Sozialform ➲ Klassenstärke

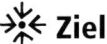 Ziel

Die Schüler sollen durch ihre Mimik und Gestik Gefühle sichtbar werden lassen bzw. sollen die Mitschüler das dargestellte Gefühl erkennen.

✂ Material/Vorbereitung

Gefühlskarten (z. B. kleine DIN-A6-Karten, auf denen Gefühle, wie „traurig", „fröhlich", „mutig", stehen), Säckchen

✲ So geht's

Sprechen Sie zunächst mit den Kindern über das Thema Gefühle. Welche Gefühle gibt es? Welche Gefühle habe ich selbst einmal erlebt? In welcher Situation erlebt man welche Gefühle? Wie kann man mit bestimmten Gefühlen umgehen? Der Morgenkreis bietet eine gute Gelegenheit, um Gefühle sichtbar werden zu lassen. Sollten Sie den Tag ebenfalls mit einem Kreis abschließen, kann es auch dort seinen festen Platz finden. Lassen Sie die Schüler aus einem kleinen Säckchen eine Karte ziehen, auf der ein Gefühl steht. Zunächst sollten nur einfache Ausdrücke (traurig, müde, fröhlich, wütend, unruhig …), später dann auch schwierigere (einsam, ernst, albern, verliebt …) verwendet werden. Das gezogene Kärtchen darf nur das entsprechende Kind sehen. Es liest, welches Gefühl auf der Karte steht, und legt die Karte verdeckt unter seinen Stuhl. Nun versucht es, dieses Gefühl mit Gestik und Mimik so darzustellen, dass die anderen Kinder es erraten. Die Klasse hat drei Versuche, bevor das Gefühl aufgelöst wird. Es ist faszinierend, wie schnell die Kinder lernen, die dargestellten Gefühle zu erkennen. Anfangs wird beim Darstellen der Gefühle noch etwas gekichert, das legt sich aber sehr schnell und die Kinder sind mit Feuereifer bei der Sache.

☼ Tipps

Zwingen Sie kein Kind, ein Gefühl mit Gestik und Mimik darzustellen. Je öfter Sie die verschiedenen Gefühle darstellen, desto mehr Kinder werden mitmachen und Gefühle darstellen wollen. Bieten Sie den Schülern auch die Möglichkeit, ein Gefühl, dass sie nicht darstellen können, wieder zurück in das Säckchen zu legen.

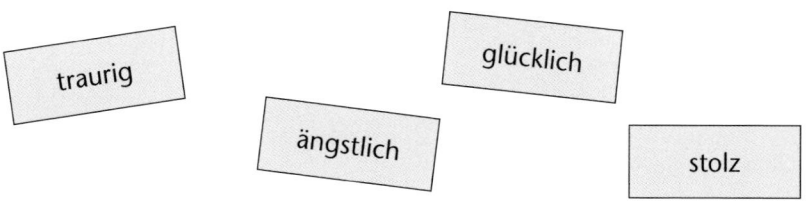

43 Pantomime

Zeitbedarf ⊃ ca. 5–10 Minuten
Jahrgangsstufe ⊃ ab 1. Klasse
Fächer ⊃ Deutsch, Sachunterricht, Sport
Sozialform ⊃ Klassenstärke

⋇ Ziel

Die Schüler sollen einzelne Begriffe oder Handlungen pantomimisch, d. h. nur mit Gestik und Mimik, präsentieren.

✂ Material/Vorbereitung

Wort- bzw. Bildkarten (z. B. mit Verben)

⚙ So geht's

Pantomime kennt sicher jedes Kind. Somit bedarf es Ihrerseits keiner großen Erklärungen mehr. Die Kinder erhalten eine Wortkarte mit einem Begriff/einer Handlung bzw. eine Bildkarte mit einer Handlung, die sie pantomimisch (d. h. nur mit Mimik und Gestik) darstellen sollen.
Insbesondere im Fach Deutsch bietet sich eine pantomimische Darstellung häufig an. So können beispielsweise in der 2. Jahrgangsstufe Tunwörter (Verben) pantomimisch präsentiert werden, die die Klassenkameraden erraten dürfen. Auch bei Wortfeldern, z. B. dem Wortfeld „gehen", lässt sich die Pantomime hervorragend einsetzen. Sie werden sehen, wie viel Spaß Ihre Schüler daran haben, die gesammelten Wörter (hüpfen, schleichen, humpeln, balancieren etc.) darzustellen. Bedenken Sie jedoch, dass nicht jedes Kind bereit ist, sich vor der Klasse allein zu präsentieren. Wählen Sie daher auch die Sozialform der Gruppenarbeit, denn viele Handlungen lassen sich oftmals nur mit mehreren Kindern darstellen.

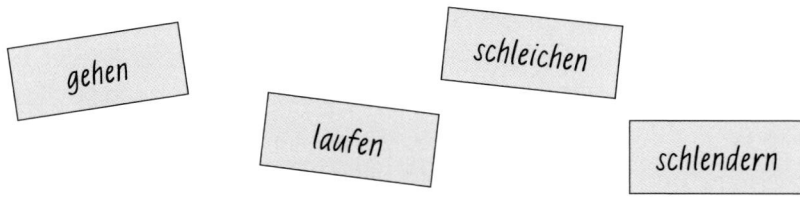

In höheren Jahrgangsstufen können Sie die Pantomime auch ähnlich wie die Rubrik „Sagen Sie jetzt nichts" der „Süddeutschen Zeitung" präsentieren lassen. Lassen Sie hierzu die Schüler in Gruppen zunächst Fragen finden, deren Antworten anschließend jeder Schüler pantomimisch präsentieren soll. Dies können z. B. Fragen wie „Wie findest du Spinat?", „Wie findest du unsere Sekretärin?", „Was machst du morgens um sechs Uhr?" etc. sein. Den Kindern fallen hier sicherlich die verrücktesten Fragen ein. Eine nette Idee ist es auch, die jeweiligen Posen der Schüler zu fotografieren. Suchen Sie sich anschließend drei bis vier Fragen heraus und schauen sich die jeweiligen pantomimischen Darstellungen aller Schüler an. Wir garantieren Ihnen, dass Ihre Lachmuskeln strapaziert werden!

⚙ Tipps

Achten Sie unbedingt darauf, dass Sie für jüngere Kinder hauptsächlich konkrete Begriffe bzw. Vorgänge wählen.

Im Sachunterricht können Sie ebenfalls eine pantomimische Darstellung nutzen. So können die Schüler verschiedene Berufsbilder pantomimisch darstellen oder auch Handlungen aus dem sozialen Bereich (z. B. Streit unter Geschwistern etc.).

Auch im Sportunterricht eignet sich die Pantomime. So können beispielsweise in der Aufwärmphase bestimmte Bewegungsarten pantomimisch dargestellt werden (z. B. schleichen wie ein Indianer, hüpfen wie ein Frosch etc.), die die Kinder zunächst erraten sollen und anschließend nachmachen.

44 Statuen bauen (Standbild)

Zeitbedarf ➲ ca. 10 – 20 Minuten
Jahrgangsstufe ➲ ab 1. Klasse
Fächer ➲ Deutsch, Sachunterricht, Sport
Sozialform ➲ GA, Klassenstärke

✳ Ziel

Die Schüler sollen zu einer bestimmten Szene oder zu einem Text eine „Statue" bauen und präsentieren.

Material/Vorbereitung

Texte, Gedichte etc.

So geht's

Eine „Statue" oder ein „Standbild" ist eine pantomimische Darstellung lebendiger Figuren, die für einen kurzen Moment in ihrer Bewegung innehalten bzw. erstarren.

Teilen Sie die Klasse zunächst in Gruppen (max. 5–6 Kinder) ein und stellen geeignete Texte (je nach Jahrgangsstufe) zur Verfügung. Die einzelnen Gruppen sollen den Text gemeinsam lesen und inhaltlich erfassen. Anschließend sollen sie sich überlegen, wie sie ihr Standbild gestalten möchten. Dazu sollten sie natürlich Mimik, Gestik und auch die Körperhaltung einbeziehen. Gesprochen werden darf dabei nicht.

Die Gruppenmitglieder sollten sich nun aufteilen, in sogenannte „Standbildbauer" und Darsteller. Aufgabe der „Standbildbauer" ist es, die Darsteller richtig in Szene zu setzen bzw. zu „formen". Jüngeren Schülern können Sie dies erklären, indem Sie ihnen sagen, sie sollen sich vorstellen, ihre Mitschüler wären Knete. Vermitteln Sie den Schülern, dass lediglich die „Standbildbauer" die Statue anfertigen und sozusagen den Ton angeben dürfen. Die Darsteller greifen selbst nicht gestaltend in das Geschehen ein. Die Positionen bzw. Konstellationen werden so lange verformt bzw. geändert, bis wirklich alle Gruppenmitglieder mit dem Ergebnis zufrieden sind.

Im Anschluss daran wird das Standbild „eingefroren". Die Darsteller müssen sich ihre jeweilige Position, Körperhaltung, Mimik und Gestik gut einprägen, damit sie dies später ihren Klassenkameraden genau präsentieren können. Damit die Klasse nicht schon vorher sehen kann, wie die Statuen aussehen, können Sie evtl. die Kinder bitten, sich mit dem Rücken zur Tafel zu drehen, damit die Gruppe in Ruhe ihre Statue bauen kann. Auf ein beliebiges Signal hin, darf sich die Klasse umdrehen und die Statue betrachten.

Anschließend kann eine kurze (!) Bewertung bzw. Besprechung erfolgen. Was seht ihr? Was soll dargestellt werden? Was wurde gut umgesetzt? Was könnte man noch verbessern?

Tipps

Um jüngeren Schülern ein Standbild zu erklären, können Sie ihnen sagen, dass sie sich das Standbild wie einen Schneemann vorstellen sollen, der regelrecht „einfriert".

Fotografieren Sie die fertigen Standbilder. Viele Kinder, vor allem jüngere, haben noch Schwierigkeiten, sich ihre Position, Körperhaltung, Mimik und Gestik genau einzuprägen. Auf diese Weise haben die Gruppen immer wieder die Möglichkeit, ihre Positionen zu überprüfen.

Auch Gedichte eignen sich dazu, Statuen zu bauen. Lassen Sie die Kinder eine Szene auswählen und diese in einem Standbild nachstellen. Die Mitschüler dürfen versuchen, die jeweilige Textstelle zu erraten.

45 Rollenspiel

Zeitbedarf ➲ ab 15 Minuten
Jahrgangsstufe ➲ ab 1. Klasse
Fächer ➲ Sachunterricht
Sozialform ➲ GA

❊ Ziel

Die Schüler sollen sich in eine andere Person und Situation hineinversetzen und dadurch ihre soziale Handlungskompetenz erweitern.

✂ Material/Vorbereitung

Bild oder Geschichte/Situation, Kiste mit Identifikationshilfen (Namensschilder oder Bilder der Figuren, Hut, Brille, Mütze, Schal ...)

⚙ So geht's

Zeigen Sie den Kindern ein Bild, auf dem eine Problemsituation (z.B. Streit auf dem Pausenhof, wütendes Kind in einem verwüsteten Kinderzimmer) dargestellt ist, oder lesen Sie den Kindern eine Geschichte (z.B. „Meins! Nein, meins!", „Sophie wehrt sich", „Anna und die Wut") bis zu einer Schlüsselstelle vor. Egal ob Sie mit einem Bild oder mit einem Bilderbuch/einer Geschichte arbeiten, ist es wichtig, dass sich die Schüler zunächst frei dazu äußern dürfen.

Anschließend ist es sinnvoll, die Stimmung der Person(en) zu bewerten und dies auch zu begründen. Beispielsweise fühlt sich Sophie unwohl, da sie auf dem Schulweg immer wieder von größeren Mitschülern geärgert und bestohlen wird. Sobald die Situation bewertet wurde, sollen sich die Schüler in Gruppen zusammenfinden, in denen sie Handlungsmöglichkeiten für die betroffenen Personen erarbeiten. Im Falle von Sophie wäre dies beispielsweise lautes „Nein" schreien, ihren Eltern oder ihrer Lehrerin Bescheid geben, mit anderen Kindern gemeinsam in die Schule gehenetc.

Die Schüler müssen sich nun in der Gruppe für ihre bevorzugte Lösungsmöglichkeit entscheiden und diese einüben. Rollen müssen zunächst verteilt werden und das Spielen eingeübt werden. Es ist für die spielenden Kinder und auch für die Zuschauerkinder hilfreich, wenn Requisiten zur Verfügung stehen. Durch die Requisiten fällt es den spielenden Kindern leichter, sich in die entsprechende Rolle und Situation hineinzuversetzen. Auch für die Zuschauer ist es hilfreich, da sie die Figuren sofort erkennen.

Sobald die Kinder ihre Präsentation eingeübt haben, kann sie der Klasse präsentiert werden. Vorgespielte Handlungsmöglichkeiten können nun gesammelt werden und bei Bedarf durchgesprochen und ebenfalls bewertet werden.

👥 Tipps

Besonders geeignet, um die soziale Handlungskompetenz mithilfe eines Rollenspiels zu verbessern, sind Bilderbücher.

Thematisieren Sie mit den Kindern zunächst, wie sie sich während eines Rollenspiels als Zuschauer zu verhalten haben. Es ist wichtig, dass die Kinder wissen, dass man niemanden beim Spielen auslachen darf. Positive Rückmeldungen sind vor allem bei den ersten Rollenspielen sehr wichtig, damit die Schüler den Mut nicht verlieren, sich vor die Klasse zu stellen und zu spielen. Sicher sind nicht alle Kinder die geborenen Schauspieler und haben auch nicht den nötigen Mut dazu. Zwingen Sie kein Kind dazu, vor der Klasse zu spielen. Je öfter Sie mit Ihrer Klasse Rollenspiele durchführen, desto mehr merken die Kinder, dass nichts Peinliches dabei ist, und es trauen sich immer mehr Kinder, mit ihrer Gruppe vorzuspielen.

3

Ideen für mittleren Aufwand

46 Mini-Buch verfassen (Faltbuch)

Zeitbedarf ➲ je nach Aufwand des Faltbuches
Jahrgangsstufe ➲ ab 1. Klasse
Fächer ➲ Deutsch, Sachunterricht, Mathe
Sozialform ➲ EA

Kopiervorlage zu Idee 46 → S. 188

 Ziel

Die Schüler sollen ein eigenes Faltbuch erstellen und präsentieren, das die
Mitschüler zum Lesen anregt.

 Material/Vorbereitung

DIN-A4- oder DIN-A3-Papier, Stifte

So geht's

Sobald die Kinder lesen können, bieten kleine Lese-Faltbücher eine gute Gelegenheit, um das Lesen zu fördern und die Lesemotivation zu steigern. Dadurch
können die Schüler kleine Faltbücher bereits früh kennenlernen. Zur Gestaltung
eines eigenen Faltbuches müssen die Schüler zunächst das Papier in acht gleich-
große Rechtecke einteilen (→ Faltanleitung siehe Kopiervorlage S. 188).
Einfacher geht es, wenn Sie eine Blanko-Kopiervorlage mit den entsprechenden
Seitenzahlen anfertigen und kopieren und den Schülern zum Gestalten geben.
Bei der Gestaltung der Rechtecke ist darauf zu achten, dass das Papier im Querformat vor den Kindern auf dem Tisch liegt und nur die untere Hälfte der
Rechtecke gestaltet werden kann. Sobald diese Reihe fertig ist, kann das Papier
um 180° gedreht werden und es können erneut die unteren Rechtecke bearbei-
tet werden. Nummerieren Sie die einzelnen Rechtecke mit der entsprechenden
Seitenzahl, damit die Kinder sie in der richtigen Reihenfolge gestalten.
Es gibt verschiedenste Themen, zu denen die Kinder ihr eigenes Faltbuch erstellen
können. Am Anfang der 1. Klasse eignen sich Bilder und Wörter zum Verschriften
und Erlesen, nach den einzelnen Wörtern können dann kleine Geschichten entstehen, die mit Bildern unterstützt werden. In höheren Jahrgangsstufen können die
Kinder kleine Geschichtenbücher daraus machen.
Doch nicht nur der Deutschunterricht eignet sich zum Einsetzen des Faltbuches, auch diverse Sachunterrichtsthemen (Zähne, Wiese, Wald, Feuerwehr,
andere Kulturen) sind dafür geeignet.

Auch im Bereich des Mathematikunterrichts lassen sich kleine Faltbücher erstellen. Denken Sie doch an die Themengebiete Geometrie (Flächen- und Körperformen, Symmetrie) oder Größen (Geld, Längen, Gewichte). Ihrer Fantasie sind keine Grenzen gesetzt.

⚛ Tipps

Falls Ihnen das Faltbuch in DIN A4 zu klein wird, können Sie auch einfach DIN A3 verwenden und schon erhalten Sie ein doppelt so großes Faltbuch.

47 Bücher selbst herstellen

Zeitbedarf ➲ je nach Umfang des Buches
Jahrgangsstufe ➲ ab 3. Klasse
Fächer ➲ Deutsch
Sozialform ➲ EA → Gemeinschaftswerk

⋇ Ziel

Die Schüler stellen in einem Gemeinschaftsprojekt ein Märchenbuch zusammen.

✂ Material/Vorbereitung

selbst erstellte Märchen, Deckblatt, Spiralbindung

⚙ So geht's

Ab der 1. Klasse fangen die Kinder an, Geschichten zu schreiben. Wie wäre es, wenn Sie einmal alle Geschichten zu einem Thema zu einem Buch binden? Lassen Sie beispielsweise alle Kinder ein eigenes Märchen entwickeln. Hierfür thematisieren Sie zunächst, welchen Kriterien ein Märchen entsprechen muss. Lesen Sie gemeinsam mit den Kindern einige Märchen und arbeiten Sie anhand dieser die Kriterien heraus. Nun können die Kinder an die Arbeit gehen und ihr eigenes Märchen schreiben. Überarbeiten Sie gemeinsam mit den Kindern oder allein die Märchen. Lassen Sie die Kinder das Märchen noch einmal auf ein Schmuckpapier schreiben und gestalten.

Haben Sie alle Märchen zusammen, können Sie alle Märchen mit einer Spiralbindung zu einem Märchenbuch binden.

⚘ Tipps

Bevor Sie die Märchen binden, kopieren Sie sie doch einmal für jedes Kind. So erhält jeder Schüler sein eigenes Märchenbuch.

Binden Sie ein Buch aus den gelungensten Geschichten Ihrer Kinder und geben es ihnen als Erinnerung mit.

Sie können nicht nur aus Geschichten Bücher herstellen. Es eignen sich auch Themen des Sachunterrichts, um Bücher herzustellen. Hier kann auch jedes Kind sein eigene, kleines Buch schreiben und binden.

48 Buchvorstellung

Zeitbedarf ➲ 2 Wochen
Jahrgangsstufe ➲ ab 2. Klasse
Fächer ➲ Deutsch
Sozialform ➲ EA, evtl. PA

☀ Ziel

Die Schüler sollen sich ihr Lieblingsbuch auswählen und dieses mithilfe eines Steckbriefes (➟ siehe Idee 6) oder eines Buchplakates (➟ siehe Idee 8) der Klasse präsentieren.

 Material/Vorbereitung

Buchvorstellung durch den Lehrer, ggf. Blanko-Steckbriefe, Tonpapier, dicke Stifte

⚙ So geht's

Zu Beginn stellt die Lehrkraft der Klasse ihr Lieblingsbuch vor, um den Kindern verständlich zu machen, worum es bei einer Buchpräsentation geht. Das heißt, den Zuhörern das Buch „schmackhaft" zu machen und sie zu motivieren, es ebenfalls zu lesen. Anhand dieser Buchvorstellung können mit den Kindern anschließend bereits Kriterien erarbeitet werden, die für eine Buchpräsentation von Bedeutung sind. Zunächst sollte jedoch besprochen werden, wie die Kinder vorgehen sollen.

Als Erstes bekommen die Kinder ca. eine Woche Zeit, sich für ein Buch zu entscheiden, das sie der Klasse vorstellen wollen. Dies hält der Lehrer in einer Übersicht für sich und möglicherweise auch in einer Übersicht für die Klasse fest.

Nun bekommen die Kinder Zeit, ihr Buch noch einmal zu lesen und sich über die eigene Buchvorstellung Gedanken zu machen. Welche Hauptpersonen kommen vor? Worum geht es in meinem Buch? Wer hat das Buch geschrieben? Warum sollte man das Buch lesen? Warum ist es mein Lieblingsbuch? …
Je nach Jahrgangsstufe kann auch der Autor eine größere Rolle spielen, d. h. Welche Bücher hat der Autor noch geschrieben? Lebenslauf etc.

Und dann ist es auch schon so weit. Die Bücher können der Klasse präsentiert/vorgestellt werden. Wichtig ist es, dass Sie die Kriterien, die Ihnen wichtig sind, vor der Buchpräsentation erneut thematisieren und auch deren Einhaltung nach der Buchpräsentation gemeinsam mit den Kindern besprechen. Kriterien könnten beispielsweise sein: Wurden Hauptpersonen genannt? War der Inhalt verständlich? Konnten Fragen zum Buch beantwortet werden? Wurde laut und deutlich gesprochen? Wie war das Sprechtempo?

⚙ Tipps

Lassen Sie die Kinder auf einem besonderen „Präsentationsstuhl" (→ siehe Idee 4) sitzen. Dies gibt ihnen Sicherheit bei der Präsentation.

49 Hörspielvorstellung

Zeitbedarf ➲ 1 Woche
Jahrgangsstufe ➲ ab 1. Klasse
Fächer ➲ Deutsch
Sozialform ➲ EA, evtl. PA

✳ Ziel

Die Schüler sollen ihr Lieblingshörspiel auswählen und dieses mithilfe eines Steckbriefes (→ siehe Idee 6) oder eines Plakates (→ siehe Idee 8) der Klasse präsentieren.

✂ Material/Vorbereitung

ggf. Blanko-Steckbriefe, Tonpapier, dicke Stifte

⚙ So geht's

Wie wäre es, statt einer Buchvorstellung auch mal eine Hörspielvorstellung in Angriff zu nehmen?
Besprechen Sie, ähnlich wie bei der Buchvorstellung (→ siehe Idee 48), wesentliche Kriterien, die für eine Hörspielpräsentation von Bedeutung sind. Wie heißt mein Hörspiel? Welche Personen kommen vor? Worum geht es in dem Hörspiel? Wer liest das Hörspiel? Warum sollten meine Klassenkameraden das Hörspiel hören? Warum ist es mein Lieblingshörspiel?
Die wichtigsten Informationen zum Lieblings-Hörspiel sollten die Schüler auf einem Plakat (→ siehe Idee 8) notieren bzw. einen Steckbrief (→ siehe Idee 6) gestalten. Weiterhin dürfen sich die Kinder eine kurze Stelle aussuchen, die sie bei der Präsentation vorspielen (max. 5 Minuten).

⚘ Tipps

Bereiten Sie doch mit Ihrer Klasse eine Hörspiel-Ausstellung vor. Dazu dürfen die Kinder ihre Lieblingshörspiele mitbringen sowie möglichst viele Abspielgeräte (z. B. Kassettenrekorder, Discman) mit Kopfhörern. Denken Sie daran, dass die Kinder ihre CDs sowie Abspielgeräte mit Namen versehen.
Vielleicht haben Sie ja auch die Möglichkeit, in Ihrem Klassenzimmer eine „Hör-Ecke" einzurichten.

50 Collage

Zeitbedarf ➲ ca. 45 – 90 Minuten
Jahrgangsstufe ➲ ab 1. Klasse
Fächer ➲ Sachunterricht, Deutsch, Kunst
Sozialform ➲ EA, PA, GA

⁑ Ziel

Die Schüler sollen mithilfe verschiedenster Materialien ein Bild zu einem vorgegebenen Thema (Wiese, Hecke, Jahreszeit, Werbung, Gedicht, Musik, Wasser)
kleben.

✂ Material/Vorbereitung

dickeres Papier/Karton (mind. DIN A3), Schere, Kleber, ggf. Heißkleber (Lehrer),
diverses Material zum entsprechenden Thema (Kataloge, Zeitungen, Zeitschriften, Stoffreste, Schnur, besondere Fundstücke etc.)

⚙ So geht's

Bevor es mit der Arbeit an der Collage losgehen kann, muss mit den Kindern
thematisiert werden, was eine Collage überhaupt ist. Geeignet wäre hierfür
eine vom Lehrer angefertigte Collage zu einem bestimmten Thema. Anhand
dieser Collage können dann die Merkmale besprochen werden. Eine Collage
ist ein Bild/Plakat, das aus verschiedenen, kreuz und quer zusammengeklebten
Dingen besteht. Es besteht nicht wie ein Plakat ausschließlich aus Wörtern oder
Sätzen, ergänzt mit Bildern, sondern es können sich beispielsweise auch Schnü-
re, Stoffreste, Zeitungsausschnitte, Zeichnungen, Muscheln, Sand und viele
weitere Materialien auf der Collage befinden. Alles, was den Kindern zum entsprechenden Thema einfällt, hat Platz auf der Collage.
Nachdem die Schüler wissen, wie eine Collage aussieht (aussehen kann), wird
ihnen nun das Thema verraten, zu dem sie selbst eine Collage anfertigen dürfen. Es bietet sich an, zunächst für die ganze Klasse ein „großes" Thema vorzu-
geben, an dem die Schüler zu zweit oder auch zu dritt an einer Collage arbeiten. Sobald den Schülern der Begriff Collage bekannt vorkommt, ist es natürlich
auch möglich, die Schüler ein eigenes Thema für ihre Collage finden zu lassen.
Dieses Vorgehen eignet sich vor allem für die Jahrgangsstufen 3 und 4. Geben
Sie den Schülern am besten ein Wochenende Zeit, um die verschiedensten
Materialien für ihre Collage zu sammeln. Haben die Schüler ihre Sachen zusam-

men, kann auch schon losgelegt werden. Das weiße Papier wird nun beschriftet, bemalt und bunt gemischt mit den diversen gesammelten Bildern, Zeitungsartikeln, Dingen etc. beklebt.

Sie als Lehrkraft treten bei dieser Präsentationsform eher in den Hintergrund und haben die Funktion eines „Beraters". Daher erlaubt Ihnen diese Methode, Ihre Schüler genauer zu beobachten.

Wie bringen die Kinder ihre Ideen ein? Wie reagieren die Schüler, wenn ihre Ideen vom übrigen Team für nicht gut befunden werden? Arrangieren sich die Gruppenmitglieder? Auf diese Weise können Sie vielfältige Beobachtungen hinsichtlich des Arbeits- und Sozialverhaltens Ihrer Schüler machen.

🕺 Tipps

Bevor die Kinder loslegen und die Dinge mit dem Kleber auf dem Papier befestigen, sollten sie ihre Collage zunächst nur vorlegen. So sehen sie eventuell noch vorhandene Lücken oder andere Unstimmigkeiten. Eine Alternative wäre auch, dass die Gruppen einen ersten Entwurf ihrer Collage auf einem Blatt Papier zunächst grob skizzieren. Erst wenn sie wirklich zufrieden sind, sollten sie mit dem Kleben loslegen.

Viele Materialien lassen sich nur schwer mit einem Klebestift oder auch mit flüssigem Kleber befestigen. Daher ist es hilfreich, wenn die Lehrkraft einen Heißkleber besitzt. Damit lässt sich fast alles festkleben. Diesen Heißkleber sollten Sie jedoch nicht aus der Hand geben.

Planen Sie genügend Zeit für die abschließenden Präsentationen der Collagen ein. Die Kinder sind mächtig stolz auf ihre „Werke", möchten diese ihren Mitschülern präsentieren und natürlich dafür entsprechend gelobt werden.

Fertigen Sie doch in der Adventszeit eine „Weihnachts-Collage" an. Für eine Weihnachts-Collage geeignet sind Bilder (Weihnachtsbaum, Schnee, Schneesterne, Adventskalender, Adventskranz, Plätzchen, Weihnachtsstern, Krippe …), Materialien (Strohsterne, Tannenzweig, Minigeschenke, Kerzenwachs, Weihnachtsgeschenkpapier, Christbaumkugel, Zimtstangen, Orangenscheiben …), Wörter (Advent, Kugeln, Plätzchen, 24. Dezember, Schnee, Weihnachtsmann, Geschenke, Familie …), ein Stück des Adventskalenders, Artikel aus der Zeitung, Ausschnitt aus einer Weihnachtsgeschichte … .

51 Lernquartett

Zeitbedarf ➲	ca. 1–2 Unterrichtsstunden
Jahrgangsstufe ➲	ab 2. Klasse
Fächer ➲	alle Fächer
Sozialform ➲	GA

☼ Ziel

Die Schüler sollen in Kleingruppen ein Lernquartett (zur Festigung des Unterrichtsinhaltes) herstellen.

✂ Material/Vorbereitung

Quartett-Spiel, „Themenlose", Karten bzw. festes Tonpapier in verschiedenen Farben, Lineal, Blei- und Buntstifte, Computer, Drucker
In den unteren Jahrgangsstufen empfiehlt es sich, dass Sie zu Hause bereits Kärtchen mit Begriffen vorbereiten.

✱ So geht's

Präsentieren Sie Ihrer Klasse ein beliebiges Quartett-Spiel. Die Kinder kennen dieses Spiel sicherlich von zu Hause oder aus dem Kindergarten und können Ihnen bereits die Spielregeln eines Quartetts erklären.
Aufgabe Ihrer Schüler soll es nun sein, in Kleingruppenarbeit (max. 4 Kinder) zu einem bestimmten Unterrichtinhalt ein eigenes Lernquartett zu erstellen. Ein Beispiel für die 2. Jahrgangsstufe könnte das Thema „Namenwörter" sein. Hierzu können Sie bereits auf „Losen" bestimmte Oberbegriffe (Schulsachen, Früchte, Blumen, Haustiere, Fahrzeuge, Instrumente etc.) vorbereiten, die die Kleingruppen ziehen dürfen. Jeder Oberbegriff muss anschließend mit 4 dazu passenden Namenwörtern ergänzt werden. Auf jeder Karte soll der Oberbegriff (z. B. Fahrzeuge) stehen und darunter vier verschiedene Fahrzeugtypen (z. B. Auto, Motorrad, Flugzeug, Schiff). Den Gegenstand, für den die entsprechende Quartett-Karte steht, können die Kinder auf die Karte zeichnen und das dazugehörige Wort farbig markieren. Im Nu entstehen viele Lernquartette zum Thema „Namenwörter", die natürlich im Anschluss, nach den bekannten Spielregeln, getestet werden dürfen.
In höheren Jahrgangsstufen können Sie natürlich das Lernquartett von den Kindern auch „fachmännisch" am Computer erstellen lassen. Dazu müssen die Schüler die einzelnen Quartett-Karten mithilfe eines Tabellenprogramms

(z. B. Excel) anfertigen. Diese Quartett-Karten müssen/können die Kinder auch noch mit weiteren Informationen, Bildern, Grafiken zu den Begriffen aufwerten.

Beispielmöglichkeiten für Quartette: Wortarten-Quartett, Wortfamilien-Quartett, Wortfeld-Quartett, Lese-Quartett, Reimwörter-Quartett, Jahreszeiten-Quartett, Formen-Quartett, Längen-Quartett, Tier-/Pflanzen-Quartett, Vokabel-Quartett, Bäume-Quartett, usw.

⚡ Tipps

Laminieren Sie die Lernquartette Ihrer Schüler und bereichern damit Ihre Freiarbeits-Ecke!
Lernquartette eignen sich hervorragend zur Festigung der Unterrichtsinhalte. Durch das Erstellen beschäftigen sich die Kinder auf spielerische Weise gezielt mit dem jeweiligen Thema.

52 Marktplatz

Zeitbedarf ➲ ca. 1–2 Unterrichtsstunden zur Vorbereitung,
ca. 15–20 Minuten Marktplatz
Jahrgangsstufe ➲ ab 2. Klasse
Fächer ➲ alle Fächer
Sozialform ➲ GA

✴ Ziel

Die Schüler sollen die Ergebnisse einer Gruppenarbeit auf dem „Marktplatz" an einem „Stand" präsentieren.

Material/Vorbereitung

Informationsmaterial (Texte, Zeitungen, Lexika, Internet etc.), Papier, Stifte, Tonkarton, Tische, Glocke (o. Ä.)

So geht's

Teilen Sie Ihre Schüler in arbeitsteilige Gruppen auf und erteilen die entsprechenden Arbeitsaufträge. Beispielsweise sollen die Gruppen die „Schichten des Waldes" erarbeiten. Stellen Sie Ihnen dazu unterschiedlichstes Material bereit, aus dem die Kinder die wesentlichen Informationen ziehen können. Die Gruppen sollen nun herausarbeiten, wie die jeweiligen Schichten heißen, welche Aufgaben diese haben, welche Tiere und Pflanzen in dieser Schicht leben, welche Besonderheiten es gibt usw.

Jede Gruppe bearbeitet eine Schicht des Waldes. Sie können aber auch verschiedene Themenaspekte (Schichten des Waldes, Tiere des Waldes, Laub- und Nadelbäume, Pilze, Bedeutung des Waldes …) zum Thema „Wald" verteilen. Alle gewonnenen Informationen sollen auf einem Plakat (→ siehe Idee 8) optisch festgehalten werden.

Verkünden Sie Ihrer Klasse nun das „Highlight". Die Ergebnisse jeder Gruppe werden nicht einfach nur den Mitschülern präsentiert, sondern in Form eines Informations-Standes auf dem „Markt der Klasse 3d".

Gestalten Sie nun Ihr Klassenzimmer zu einem Marktplatz mit Ständen um. Pro Stand benötigen Sie lediglich einen Tisch, an dem das Plakat festgeklebt werden sollte. Schaffen Sie auf jeden Fall Platz zwischen den einzelnen Ständen. Sollte das Klassenzimmer zu klein sein, können Sie sicherlich auch auf dem Gang bzw. in der Aula einen Stand bauen.

Die einzelnen Gruppen dürfen nun an ihrem Stand ihre gewonnenen Informationen an die Besucher (die Mitschüler) weitergeben, indem sie ihre Erkenntnisse vorstellen und auch Fragen der Besucher beantworten. Klären Sie vorab, dass stets 1–2 Experten jeder Gruppe am Stand stehen müssen, während sich die anderen Experten ebenfalls auf dem Markt umsehen dürfen. Auf ein Signal hin kann hier beispielsweise getauscht werden.

Der Vorteil dieser Präsentationsmethode liegt darin, dass sich die Schüler ihr Wissen zunächst selbstständig erarbeiten müssen, um es anschließend aktiv einzusetzen. Auf diese Weise, durch die Kommunikation, ist eine Vertiefung bzw. Festigung des Wissens gewährleistet. Weiterhin müssen sich auch wirklich alle Mitglieder einbringen, denn jeder Schüler ist irgendwann „Marktverkäufer" und muss sein Wissen weitergeben.

Sobald Sie den Eindruck haben, dass die Kinder unruhig bzw. lauter werden, klingeln Sie beispielsweis mit einer Glocke. Dieses Signal kann bedeuten, dass es zu laut wird oder/und dass der „Markt der Klasse 3d" nun geschlossen wird.

⚡ Tipps

Vielleicht haben Sie ja im Vorfeld die Möglichkeit, mit Ihrer Klasse einen Unterrichtsgang zu einem richtigen „Markt" zu machen. Dort erleben die Kinder die Besonderheiten eines echten Marktplatzes.

Laden Sie doch auch die Eltern zu einem Besuch auf Ihrem „Marktplatz" ein. Die Eltern können bei einer zweiten Präsentation über den „Markt der Klasse 3d" schlendern und sich somit über das aktuelle Unterrichtsthema informieren. Ihre Schüler können ihr Wissen nochmals als „Experten" präsentieren und werden dementsprechend gewürdigt. Auch die Parallel-Klassen, Paten-Klassen oder sogar der Rektor würden sich sicher über eine Einladung freuen.

53 Fragebögen entwerfen

Zeitbedarf ⟳	1 Unterrichtseinheit + Durchführung
Jahrgangsstufe ⟳	ab 3. Klasse
Fächer ⟳	Sachunterricht
Sozialform ⟳	PA, GA

❄ Ziel

Die Schüler sollen in Partner- oder Gruppenarbeit Fragebögen entwerfen und die Antworten in Erfahrung bringen.

✂ Material/Vorbereitung

Papierstreifen, Papier, Stifte, ggf. Mikrofon

⚙ So geht's

Veranstalten Sie zunächst mit den Kindern ein Brainstorming (→ siehe Idee 2), beispielsweise zum Thema Berufe, und sammeln das Vorwissen und auch die Interessen der Kinder.

Anschließend teilen Sie die Schüler in Kleingruppen zu den verschiedenen Berufen ein. Ihre Aufgabe ist es, einen Fragebogen für diesen Beruf zu erstellen. Zunächst werden alle Fragen, die den Schülern dazu einfallen, auf einem Papierstreifen notiert. Daraufhin wird in der Gruppe besprochen, welche Fragen für wichtig und gut empfunden werden und welche eher unbedeutend sind.

Nachdem die Fragen ausgewählt wurden, geht es daran, sie in eine logische Reihenfolge zu bringen. Durch die Streifen, auf denen die Fragen stehen, kann dies leicht verändert werden. Der Einsatz einer Pinnwand ist hier möglich. Sobald sich die Schüler entschieden haben, können sie ihre Fragen auf dem Fragebogenpapier notieren.

Nun geht es darum, die Fragen an den Mann zu bringen. Bitten Sie dazu auch die Eltern um Mithilfe.

Die beantworteten Fragebögen können anschließend an einer Ausstellungswand (→ siehe Idee 59) oder Ausstellungsleine (→ siehe Idee 60) präsentiert werden.

⚡ Tipps

Da die Schüler beim Aufschreiben der Antworten eventuell Schwierigkeiten haben, statten Sie sie doch einfach mit einem kleinen Mikrofon aus, das aufnehmen kann. So kann sich die Gruppe die Antworten auf die Fragen in der Schule in Ruhe anhören und notieren.

Neben den Berufen ist es auch wichtig, bei einem Unterrichtsgang zu Experten (→ siehe Idee 83) Fragebögen im Vorhinein zu entwerfen, beispielsweise bei einem Besuch des Bürgermeisters. Dazu kann ein Klassenfragebogen erstellt werden. Auch hier notieren und sortieren die Schüler ihre Fragen zunächst in Kleingruppen. Anschließend wird in der Klasse entschieden, welche Fragen auf den Fragebogen für den Bürgermeister kommen.

Fragebögen können von den Schülern auch erstellt werden und an die entsprechenden Personen nur weitergegeben werden. Diese müssen die Fragebögen dann selbst schriftlich beantworten und zurückgeben.

54 Umfrage

Zeitbedarf ➲ ca. 2 – 3 Unterrichtseinheiten
Jahrgangsstufe ➲ ab 2. Klasse
Fächer ➲ alle
Sozialform ➲ GA

❋ Ziel

Die Schüler sollen sich, in Form einer Umfrage, Informationen bzw. Meinungen anderer einholen und diese auswerten.

✂ Material/Vorbereitung

Papier, Karteikarten, Stifte, Klemmbretter

⚙ So geht's

Starten Sie zu Beginn mit einer einfachen Umfrage in Ihrer Klasse (z. B. Was ist deine Lieblingsspeise? Welches Schulfach magst du am liebsten?) und befragen Ihre Schüler. Anhand der Ergebnisse können Sie die Auswertung in Form eines Schaubildes und/oder einer Tabelle (→ siehe Idee 12) darstellen und gemeinsam mit den Kindern besprechen.

In einem nächsten Schritt dürfen die Kinder in Kleingruppenarbeit (max. 3 Kinder) selbst aktiv werden und sich interessante Fragestellungen für eine eigene Umfrage ausdenken. Dabei sollen die Schüler zunächst allein geeignete Fragestellungen finden, diese in der Gruppe besprechen und sich schließlich auf „ihre" Gruppenfrage einigen. Die einzelnen Gruppen notieren „ihre" Frage auf einem von Ihnen vorbereiteten Papier. Darauf sollte nicht nur die Frage der Umfrage stehen und wer befragt wird (z. B. Klasse 3d), sondern natürlich auch, wer die Umfrage durchführt.

Nun kann es losgehen und die einzelnen Gruppen dürfen mit ihrer Umfrage beginnen. Sobald die Gruppe alle Kinder der Klasse befragt hat, geht es an die Auswertung. Es bleibt Ihnen überlassen, wie Sie die Auswertung vornehmen lassen wollen (z. B. als Strichliste, Tabelle, Säulendiagramm → siehe Idee 12). Die Auswertungsmöglichkeiten sollten den Schülern selbstverständlich vorher bekannt sein. Abschließend sollte jede Gruppe „ihre" Frage mit dem dazugehörigen Ergebnis präsentieren und auch ausstellen.

In höheren Jahrgangsstufen können die Gruppen beispielsweise zu einem Thema einen Fragebogen (mit mehreren Fragen, max. 4 – 5, → siehe Idee 53) entwickeln und ihre Umfrage starten.

☈ Tipps

Die Gruppenarbeit ist meistens nicht innerhalb einer Stunde abgeschlossen. Planen Sie dennoch am Ende der Stunde eine kurze Reflexionsphase ein und lassen die einzelnen Gruppen von ihrer bisherigen Arbeit berichten.

Lassen Sie doch, z. B. für schnellere Gruppen, auch in den Partner- oder Patenklassen die Umfrage durchführen und im Anschluss die Ergebnisse vergleichen.

55 Lexikon

Zeitbedarf ➲ ganzes Schuljahr
Jahrgangsstufe ➲ ab 2. Klasse
Fächer ➲ fächerübergreifend
Sozialform ➲ Gemeinschaftswerk

 Ziel

Die Schüler sollen in einem fächerübergreifenden Projekt ihr eigenes Klassenlexikon in Gemeinschaftsarbeit erstellen.

✂ Material/Vorbereitung

leeres Buch mit entsprechender Lineatur, dickeren Filzstift, Bleistift, Lexika

☼ So geht's

Legen Sie verschiedene Lexika in die Mitte des Sitzkreises und lassen Sie die Schüler ihre Vermutungen, Ideen und ihr Vorwissen dazu äußern. Klären Sie anschließend gemeinsam, wozu es Lexika gibt. Die Schüler sollen erkennen, dass man in einem Lexikon Begriffe, die man nicht kennt oder nicht versteht, nachschlagen kann.

Anschließend zeigen Sie den Kindern das leere Buch, das beispielsweise den Titel „Unser Klassenlexikon" trägt. Auch hier sollen die Schüler zunächst ihre Vermutungen loswerden. Sicher kommen Ihre Schüler auf die Idee, in diesem Lexikon alle Begriffe zu sammeln, die ihnen neu oder unklar sind. Das Lexikon und die entsprechenden Stifte müssen einen festen Platz in Ihrem Klassenzimmer haben, um den Schülern den ständigen Zugriff darauf zu ermöglichen. Klären Sie noch, wie ein Eintrag in einem Lexikon aussieht. Wichtig ist, dass die Schüler wissen, dass der zu klärende Begriff am Anfang steht und mit einem dickeren Stift geschrieben wird als die Erklärung des Begriffes.

Nun kann auch schon losgelegt werden. Sobald den Schülern im Unterricht ein Begriff nicht klar ist, kann er gemeinsam geklärt werden und findet seinen Weg in das Klassenlexikon. Wer den Eintrag macht, kann von Begriff zu Begriff entschieden werden. Es ist sinnvoll, wenn der Begriff zuerst auf einem Blockblatt entworfen wird und Sie einen Blick darauf werfen, bevor der Eintrag in das Lexikon wandert. Auch neue Fachbegriffe können in das Klassenlexikon aufgenommen werden.

Lassen Sie die ersten Seiten des Lexikons noch frei. Hier sollte Platz für ein Inhaltsverzeichnis sein. So können nach und nach die eingetragenen Begriffe mit Seitenverweis eingetragen werden und man sieht auf einen Blick, was man wo findet.

⚡ Tipps

Sollten Sie in Ihrem Klassenzimmer einen PC haben, können die Kinder ihren Entwurf auch abtippen und in das Lexikon hineinkleben.

Alternativ zu einem Klassenlexikon mit allen unbekannten Begriffen können sie auch Lexika zu verschiedenen Themen im Bereich Sachunterricht von den Kindern anfertigen lassen. Hier haben Sie die Möglichkeit, ein Klassenlexikon anzufertigen, oder Sie lassen jeden Schüler sein eigenes Lexikon anfertigen. Beispiele hierfür wären Lexika zu folgenden Themen: Pflanzen der Wiese, Bäume, Haustiere, Heckenpflanzen ...

Möglicherweise legen Sie sich auch ein Wortarten-Lexikon an und fügen später die Satzarten hinzu.

56 Themenheft

Zeitbedarf ➲	ca. 1 Unterrichtssequenz
Jahrgangsstufe ➲	ab 1. Klasse
Fächer ➲	Sachunterricht
Sozialform ➲	EA

❋ Ziel

Die Schüler sollen in einem Themenheft ihr Wissen und ihre Erkenntnisse notieren.

✂ Material/Vorbereitung

vorbereitetes Themenheft (Kopiervorlagen, leere Seiten, Schnellhefter), Stifte

⚙ So geht's

Bereiten Sie ein Themenheft zu einem Thema vor (z. B. „Wiese"). In diesem Themenheft sollten viele verschiedene Aspekte des Themas zu finden sein. Wie Sie die Seiten in Ihrem Themenheft gestalten, ist Ihnen selbst überlassen. Verwenden Sie doch eine Mischung aus gelungenen Kopiervorlagen und leeren Seiten. Diese binden Sie in einem Schnellhefter zusammen, so können einzelne Blätter ausgetauscht oder auch neue ergänzt werden.

Sobald die Kinder etwas zum Thema Wiese gelernt haben, suchen sie sich die entsprechende Seite in ihrem Themenheft und bearbeiten diese. Die Bearbeitung erfolgt mithilfe des Tafelbildes oder der vorangegangenen Gruppenarbeit oder auch einer Lerntheke zu einem bestimmten Bereich. Darüber hinaus sollten die Kinder die Möglichkeit haben, in Büchern und Zeitschriften nachsehen zu können. Lösungsblätter für entsprechende Seiten im Themenheft sollten den Kindern ebenfalls zugänglich sein.

Durch die Arbeit mit einem Themenheft ersparen Sie sich die Hefteinträge und vor allem die im Sachunterricht immer wieder auftauchenden zusätzlichen Blätter. So haben Sie alles in einer Mappe zusammen.

⚙ Tipps

Statt bereits ein fertiges Themenheft zu Beginn der Einheit zu haben, in dem die Kinder Gelerntes festhalten, können Sie das Themenheft auch nach und nach gemeinsam mit den Kindern gestalten. So können Sie während der Sequenz entscheiden, was wichtig und sinnvoll für das Themenheft ist und was sich eher weniger eignet.

Es sollten sich nicht nur bearbeitete Arbeitsblätter im Themenheft wiederfinden. Auch von den Kindern selbst Entwickeltes sollte dort seinen Platz haben.

57 Lernergebnisse in einem Podcast darstellen

Zeitbedarf ➲ ca. 45 Minuten
Jahrgangsstufe ➲ ab 1. Klasse
Fächer ➲ Sachunterricht
Sozialform ➲ Klassenstärke

❋ Ziel

Die Schüler sollen gemeinsam einen kleinen Podcast zu einem besprochenen Unterrichtsthema erstellen.

✂ Material/Vorbereitung

Computer, einfaches Aufnahmeprogramm „Audiorecorder" (bei jeder Windowsversion kostenlos enthalten), Bearbeitungsprogramm „Audacity"

⚙ So geht's

Podcast setzt sich aus den Begriffen „iPod" und „Broadcasting" zusammen und bedeutet übersetzt so viel wie „Hörstück" oder „Hörbeitrag".
Nachdem Sie im Unterricht ein beliebiges Thema besprochen haben (z. B. Igel), können Sie mithilfe des Audiorecorders einen Podcast erstellen bzw. aufnehmen. Dazu darf jedes Kind einen Satz zum Thema „Igel" ins Mikrofon sprechen (z. B. „Der Igel ist ein Säugetier", „Der Igel rollt sich bei Gefahr ein" oder „Der Igel hält Winterschlaf" etc.).
Manche Ihrer Schüler sind sicherlich aufgeregt oder haben sogar Angst, in ein Mikrofon zu sprechen. Nehmen Sie ihnen diese Scheu, denn mithilfe des kostenlosen Aufnahme- und Bearbeitungsprogrammes „Audacity" können Sätze auch problemlos wieder gelöscht werden. Das „Schneiden" der Datei ist schließlich Ihre Aufgabe.
Zum Abschluss können Sie den Kindern ihre eigene Zusammenfassung bzw. ihre eigene Hörspielsendung zum Thema „Igel" vorspielen. Sie werden sehen, wie stolz die Kinder sein werden. Das Programm „Audacity" ist relativ selbsterklärend. Ein kurzes Tutorial finden Sie auch unter den Linktipps im Anhang.

✴ Tipps

Hören Sie doch vorab im Internet gemeinsam mit Ihren Schülern einige Podcast-Beiträge an.

Mit Sicherheit wollen Ihre Schüler nun zu fast jedem Unterrichtsthema einen Podcast-Beitrag erstellen. Sie haben gesehen, der Aufwand ist nicht allzu groß. Zudem hat diese Methode viele Vorteile. Die Kinder lernen, sich sprachlich auszudrücken, wiederholen ganz unbewusst die Unterrichtsinhalte und kommen mit neuen Medien in Kontakt.

58 Lernergebnisse im Streitgespräch verarbeiten

Zeitbedarf ➲	ca. 1 Unterrichtsstunde
Jahrgangsstufe ➲	Ende 4. Klasse
Fächer ➲	Sachunterricht
Sozialform ➲	Klassenstärke

❋ Ziel

In einem Streitgespräch (Pro-und-Kontra-Debatte) können unterschiedliche Meinungen in einer Art Rollenspiel zum Ausdruck gebracht werden. Inhalt ist ein umstrittenes Thema oder eine anstehende Entscheidung. Auf sachlicher Ebene sollen Argumente ausgetauscht werden.

✂ Material/Vorbereitung

farbige Kärtchen

⚙ So geht's

Zunächst müssen die Schüler mit dem Thema des Streitgesprächs vertraut gemacht werden. Themen könnten beispielsweise sein: Schuluniform, Bau eines Spielplatzes bei wenig Geld in der Haushaltskasse, Änderung der Pausenzeiten, Änderung des Schulbeginns, … Wählen Sie ein Thema aus, das Sie davor bereits im Unterricht thematisiert haben.

Vorab dürfen die Schüler spontan ihre Meinung zu diesem Thema äußern. Anschließend werden Gruppen für die jeweiligen Positionen gebildet. Hier haben Sie zwei Möglichkeiten. Entweder lassen Sie die Schüler frei wählen, in welche Gruppe sie gehen, oder Sie entscheiden durch Ziehen farbiger Kärtchen, wer in welche Gruppe kommt. Da es bei einem Streitgespräch nicht darum geht, die eigene Meinung zu vertreten, sondern sich in eine Rolle hineinzuversetzen, ist die zweite Möglichkeit die geeignetere (jedoch nicht immer bei allen Kindern möglich). Geben Sie den Gruppen nun kurz Zeit, sich in ihre Rollen hineinzuversetzen und sich ihre Argumente zu überlegen. Während die Pro-und-Kontra-Gruppen ihr Streitgespräch vorbereiten, können Sie mit den restlichen Schülern, die anschließend Zuschauer des Streitgesprächs sind, die Tische für das Streitgespräch herrichten. Sinnvoll ist es, wenn sich je zwei Tische gegenüberstehen, an denen später die beiden Parteien Platz nehmen. Dahinter können die Klassenkameraden als Zuschauer Platz nehmen.

Nun eröffnen Sie als Gesprächsleiter die Debatte – sollten Sie häufiger Streitgespräche durchführen, kann diese Rolle auch ein Schüler übernehmen – und wiederholen noch einmal kurz das Thema und stellen die einzelnen Personen vor. Dann kann es auch schon los gehen und die Argumente können ausgetauscht werden. In der Regel reichen hierfür 10 bis 15 Minuten. Im Anschluss daran, kommen die Zuschauer zu Wort. Sie dürfen sich dazu äußern, welche Argumente für sie am überzeugendsten waren und wie der Gesamteindruck der Debatte für sie war. Eine Reflexion an dieser Stelle ist sehr wichtig.

Als Abschluss wird über die Ausgangsfrage abgestimmt sowie das aktuelle Ergebnis mit dem ersten Abstimmungsergebnis verglichen. Sollte sich etwas geändert haben, sprechen Sie mit den Schülern darüber, warum dies passiert ist. Auch wenn das Streitgespräch eine komplexe und zunächst schwierige Methode ist, Sie werden sehen, die Kinder können es. Trauen Sie sich!

⚡ Tipps

Lassen Sie je einen Stuhl bei den Parteien frei. Auf diesen Stuhl dürfen sich Kinder aus den Zuschauerreihen setzen, falls sie Argumente beizutragen haben. Sobald sie ihre Argumente losgeworden sind, gehen sie wieder auf ihren Zuschauerplatz zurück.

59 Ausstellungswand

Zeitbedarf ➲ 45 Minuten, nebenbei
Jahrgangsstufe ➲ ab 2. Klasse
Fächer ➲ Deutsch, Mathe, Sachunterricht, Kunst, Musik, Sport
Sozialform ➲ Gemeinschaftsprojekt

⁂ Ziel

Ziel ist es, den Schülern einen Ort zu schaffen, an dem sie alles, was ihnen wichtig ist, ausstellen können.
Alternativ: Die Schüler sollen eine bereits bestehende Ausstellungswand zu einem vorgegebenen Thema (Indianer, Tiefsee, Künstler/Musiker, Märchen, Rechenwege, Lieblingsspiele …) füllen.

✂ Material/Vorbereitung

alte Pinnwand (Korkplatte), Stoff, Reißzwecken, Wäscheleine oder Schrauben bzw. Dübel, Pinnnadeln

⚙ So geht's

Die Pinnwand (Korkplatte) wird zunächst mit einem farbigen Stoff verschönert. Dafür wird der Stoff, bevor er genau zugeschnitten wird, über die entsprechende Fläche gelegt. Anschließend wird er mit flachen Reißzwecken, zunächst in den vier Ecken und anschließend noch an den vier Seiten, befestigt. Nun schneiden Sie den überschüssigen Stoff ab. Schon ist die Ausstellungswand fertig und kann aufgehängt werden. Je nach Möglichkeit können Sie diese nun mit Schrauben fest an der Wand installieren oder mit einer Wäscheleine (stabil) von der Decke hängen lassen. Sollte die Ausstellungswand von der Decke hängen, ist es wichtig, dass sie ganz nah an einer Wand hängt, um das Aufhängen zu erleichtern. Hängt die Ausstellungswand sicher an der Wand, kann auch schon mit dem Ausstellen begonnen werden.
Die Kinder befestigen mit den Pinnnadeln – einfacher zum Verwenden – alles, was sie ihren Klassenkameraden zeigen wollen. Auf einer Ausstellungswand können sich z. B. interessante Zeitungsausschnitte befinden, Fußballergebnisse, Wichtiges aus dem Ort, Fragen, eben alles, was den Kindern wichtig und passend erscheint.
Eine Ausstellungswand kann auch parallel zu einem erlernten Thema bearbeitet werden. Sollten Sie beispielsweise das Thema „Gemeinde" im Unterricht bearbeiten, kann die Ausstellungswand „Gemeinde" heißen. Zu Beginn wird die Ausstellungswand eher leer bleiben, da die Kinder nur Sachen, die sie kennen bzw. die ihnen wichtig sind, an der Ausstellungswand befestigen werden. Je tiefer Sie mit den Kindern in ein Thema einsteigen, desto mehr wissen die Kinder darüber und umso mehr kann an die Wand gepinnt werden. Am Ende wird an der Ausstellungswand sichtbar, wie viel die Kinder zum jeweiligen Thema schon wissen.

✻ Tipps

Verwenden Sie zum Befestigen des Stoffes Reißzwecken in der Farbe des Stoffes. Wechseln Sie nicht zu oft hin und her zwischen einer Ausstellungswand der Kinder und einer Ausstellungswand zu einem Thema. Sollte die Ausstellungswand von den Kindern angenommen werden, ist es schade, wenn sie immer wieder darauf verzichten müssen. Fotografieren Sie bei einer Themen – Ausstellungswand diese immer wieder. So wird der Lernzuwachs der Kinder sichtbar.

60 Ausstellungsleine

Zeitbedarf ➲	ca. 45 Minuten, nebenbei
Jahrgangsstufe ➲	ab 1. Klasse
Fächer ➲	Kunst
Sozialform ➲	Gemeinschaftsprojekt

✻ Ziel

Ziel ist es, möglichst platzsparend, zahlreiche Kunstwerke der Schüler ausstellen zu können.

✄ Material/Vorbereitung

Wäscheleine, Wäscheklammer, Bohrer, Dübel, Schraubhaken, evtl. zur Unterstützung den Hausmeister, zahlreiche Bilder

✿ So geht's

Klären Sie zunächst ab, ob Sie Löcher in die Wände Ihres Klassenzimmers bohren dürfen. Dies ist nicht an allen Schulen so ohne weiteres möglich. Sobald Sie grünes Licht haben, können Sie auch schon gemeinsam mit den Kindern überlegen, wo sich eine Ausstellungsleine in Ihrem Klassenzimmer besonders gut eignet. Geben Sie den Kindern zu bedenken, dass die Leine so aufgehängt werden soll, dass sie nicht beim Laufen durch das Klassenzimmer stört und das Aufhängen der Kunstwerke kein Drahtseilakt wird. Es besteht sowohl die Möglichkeit die Wäscheleine entlang einer Wand zu spannen, als auch quer durch den Raum, wodurch kein Platz an den Wänden verlorengeht.

Sobald ein Platz gefunden ist, können die Löcher gebohrt werden. Hier sollten Sie die Kinder auf keinen Fall allein arbeiten lassen. Sobald die Schraubhaken in die Wand geschraubt sind, kann die Wäscheleine von einem Haken zum nächsten festgeknotet werden. Nun können die Kunstwerke mithilfe von Wäscheklammern auch schon an die Ausstellungsleine geklammert werden. Die Bilder lassen sich nun rasch auf- und abhängen.

🏃 Tipps

Sollte es an Ihrer Schule nicht erlaubt sein, Löcher in die Wände zu bohren, haben Sie dennoch nicht gleich verloren. Möglicherweise haben Sie Vorhang-stangen oder andere Punkte in Ihrem Zimmer, an denen Sie eine Leine befesti-gen können.

Die Ausstellungsleine kann nicht nur für Bilder der Kinder verwendet werden. Funktionieren Sie die Leine doch nach Ferien einfach zu einer Ferienleine um. Nicht nur Bilder, sondern auch Postkarten, kurze Geschichten, leichte Mitbringsel etc. lassen sich schnell an der Leine befestigen. So wird aus einer Ausstellungsleine beispielsweise eine Ferienleine.

Kaufen Sie keine zu günstigen Wäscheklammern. Die Erfahrung hat gezeigt, dass diese Wäscheklammern sehr schnell brechen und splittern. Holzwäsche-klammern eignen sich besonders gut, da sie von den Schülern auch verziert werden können. Lassen Sie doch jedes Kind seine Wäscheklammern gestalten. Sie könnten die Kinder die Wäscheklammer einfarbig in den verschiedensten Farben anmalen lassen sowie sie ihren Namen darauf schreiben lassen. Oder aber Sie lassen den Kindern völlig freie Hand und sie dürfen ihre Wäscheklam-mern anmalen und mit den verschiedensten Dingen (Federn, Glitzer, kleine Steine, Muscheln ...) schmücken. So brauchen die Wäscheklammern nicht einmal den Namen.

61 Schaukasten

Zeitbedarf ➲ ca. 1 Stunde
Jahrgangsstufe ➲ ab 1. Klasse
Fächer ➲ alle Fächer
Sozialform ➲ EA, PA, GA

✳ Ziel

Die Kinder sollen den Schaukasten zur Präsentation von Ergebnissen, Bildern, Infos etc. nutzen.

✂ Material/Vorbereitung

4 Kanthölzer (je 2 gleich lange), Rückwand (Spanplatte), Plexiglasscheibe, Schrauben, 2 Hakenschrauben, Acrylfarben

⚙ So geht's

Überlegen Sie sich zunächst, welche Größe Ihr Schaukasten haben soll, und kaufen Sie sich anschließend die Materialien in der benötigten Größe. Schrauben Sie nun die Spanplatte auf die Kanthölzer. Die Schrauben sind so von vorn nicht sichtbar. Anschließend gestalten Sie den Schaukasten nach Ihren Vorstellungen. Sie können Rückwand und Kanthölzer in einer Farbe bemalen oder Sie verwenden für die Rückwand eine andere Farbe, um diese vom Rahmen abzuheben. Befestigen Sie nun die beiden Hakenschrauben am oberen Kantholz und bohren Sie entsprechende Löcher in die Plexiglasscheibe. So können Sie diese rasch ein- und aushängen. Fertig ist der Schaukasten, der nun gefüllt werden kann. Wichtige Informationen, Zeitungsartikel, Geschichten, Witze, gelungene Bilder, Fotografien, die Sachaufgabe oder Knobelei der Woche … Den Inhalt Ihres Schaukastens können Sie mit Ihren Kindern ganz allein gestalten.

⚘ Tipps

Verwenden Sie nicht zu viele und nicht zu grelle Farben, da diese nur vom Inhalt des Schaukastens ablenken.
Um auf Reißnägel verzichten zu können, lackieren Sie die Rückwand doch mit magnetischer Farbe. Schon können Sie Reißnägel durch Magnete ersetzen.
Auch Tafelfarbe eignet sich zur Gestaltung der Rückwand. So haben Sie die Möglichkeit, Dinge hineinzuschreiben.

62 Styroportafeln/Pinnwand

Zeitbedarf ➲ je nach Einsatz
Jahrgangsstufe ➲ ab 2. Klasse
Fächer ➲ alle Fächer
Sozialform ➲ GA

✳ Ziel

Die Schüler sollen die Styroportafeln zur Präsentation von Ergebnissen einer Gruppenarbeit verwenden.

✂ Material/Vorbereitung

Styropor-Rechteck oder Schaumstoff-Rechteck, Teppichmesser, Heißkleber und Stoff oder Pinnwände, Reißnägel, kleine Notizzettel

⚙ So geht's

Schneiden Sie das Styropor mit einem Teppichmesser in die gewünschte Größe. Empfehlenswert ist eine Größe von mindestens DIN A3, besser größer. Überlegen Sie vorher gut, wofür Sie die Tafel einsetzen wollen, und entscheiden Sie sich dann für die passende Größe. Anschließend schneiden Sie den Stoff in der entsprechenden Größe zu und kleben ihn an den Seiten und an der Rückseite der Styroportafel fest. Er dürfte nun eigentlich nicht mehr verrutschen und müsste einiges aushalten. Alternativ können Sie sich auch Pinnwände kaufen. Die Styroportafeln/Pinnwände lassen sich besonders gut in arbeitsteiligen Gruppenarbeiten einsetzen. Ihr Vorteil ist, dass sich die Arbeitsergebnisse flexibel anordnen und auch wieder verändern lassen. Die Kinder können selbst geschriebene Wort- und Textkarten, Bilder, Zeitungsausschnitte etc. auf der Styroportafel/Pinnwand so lange hin- und herschieben, bis alle zufrieden sind und sie es der Klasse präsentieren und/oder unterstützend zu einem Vortrag einsetzen. Darüber hinaus können an die Styroportafeln/Pinnwände jederzeit neue Informationen angepinnt bzw. alte Informationen problemlos heruntergenommen werden.

⚒ Tipps

Sie können auch eine Art Kissenbezug für das Styropor nähen und nur an einigen Punkten festkleben.

Beziehen Sie die Styroportafeln/Pinnwände in verschiedenen Farben. So können Sie diese den Gruppen einfacher zuordnen.

63 Stichpunkte

Zeitbedarf ➲	ab 6 Unterrichtsstunden (Einführung)
Jahrgangsstufe ➲	ab Mitte 2. Klasse
Fächer ➲	Deutsch und Sachunterricht
Sozialform ➲	EA (PA, GA)

⁂ Ziel

Die Schüler sollen lernen, Stichpunkte zu notieren, und diese als Präsentationshilfe verwenden.

✂ Material/Vorbereitung

Sachtexte, Stichwortzettel, Stifte

⚙ So geht's

Das Erstellen von stichpunktartigen Auflistungen ist für Schüler nicht so einfach, wie man zunächst annehmen könnte. Die Schüler müssen das Erstellen von Stichworten nach und nach erlernen, bevor sie es als eine Hilfe und Unterstützung bei einem Vortrag einsetzen können.

Beginnen Sie mit etwas Einfachem. Lassen Sie die Schüler zunächst z. B. einen Einkaufszettel für einen Obstsalat zu einem ausformulierten Rezept schreiben. Hier trainieren die Schüler bereits, Informationen aus einem Text zu entnehmen und diese möglichst knapp und übersichtlich zu notieren.

Sicher werden Sie hier zunächst noch verschiedene Notationsformen erhalten. Diese können Sie nun dazu nutzen, mit den Kindern zu besprechen, welche Aufzeichnung sich am besten eignet und warum.

Thematisieren Sie anschließend, was ein Stichwortzettel ist und welche Merkmale er aufweist. Nun geht es auch schon an das Üben. Hierfür verwenden Sie unterschiedliche Sachtexte zu einem Thema. Lassen Sie die Kinder in Kleingruppen nun Stichpunkte zu ihrem Sachtext notieren. Mithilfe dieser Stichpunkte präsentiert nun ein Gruppenmitglied den Inhalt des erhaltenen Sachtextes.

Nach dem Vortrag sollten die Stichpunkte der Klasse vorgestellt werden und gemeinsam besprochen und reflektiert werden. Auch eine anschließende Über-arbeitung der Stichpunkte (Lesbarkeit, wichtige Wörter vorhanden, überflüssige Wörter, Reihenfolge, hilfreich für den Vortrag) ist wichtig für die Schüler, um zu lernen, wie Stichpunkte erstellt werden.

Sobald die Schüler das Erstellen von Stichpunkten verinnerlicht haben, sind sie den meisten eine große Hilfe beim Halten eines Vortrages.

⚡ Tipps

Lassen Sie die Schüler einmal ihre Stichpunkte tauschen. Die Kinder werden feststellen, dass Stichpunkte etwas sehr Individuelles sind. Sie lassen sich nicht einfach austauschen.

DIN-A5-Karteikarten sind sehr geeignet, um bei einem Vortrag als Unterstüt-zung eingesetzt zu werden.

OBSTSALAT

Zutaten:
Äpfel, Weintrauben, Bananen, Orangen, Joghurt, Zucker

- Obst waschen, schälen
- Obst schneiden
- alles mit Joghurt, Zucker verrühren

64 Bodenbild

Zeitbedarf ⊃	ca. 2 Unterrichtsstunden
Jahrgangsstufe ⊃	ab 2. Klasse
Fächer ⊃	Deutsch, Sachunterricht
Sozialform ⊃	EA, PA, GA

⁂ Ziel

Die Schüler sollen das Bodenbild als Präsentationshilfe verwenden oder als Präsentationsmöglichkeit, bei der nicht gesprochen werden muss.

✂ Material/Vorbereitung

Sachtexte, Wort- und Bildkarten entsprechend dem Thema, evtl. Decke oder Tuch als Unterlage und zusätzliche entsprechende Figuren oder entsprechend kleine Requisiten

⚙ So geht's

Zeigen Sie den Schülern zunächst anhand eines eigenen Bodenbilds, wie es aussehen kann. Beispielsweise setzen Sie das Bodenbild bei einem Referat über Haustiere ein. Wählen Sie sich ein Haustier aus, über das Sie den Kindern mithilfe eines Bodenbilds berichten.

Anschließend dürfen die Schüler in Partner- oder Gruppenarbeit eigene Bodenbilder erarbeiten. Besprechen Sie zunächst, was die Schüler bei einem Bodenbild beachten müssen. Weniger ist manchmal mehr, Wortkarten müssen gut lesbar geschrieben werden, das Bodenbild muss klar strukturiert und übersichtlich aussehen etc.

Nun kann die Arbeit beginnen. Zunächst erhalten die Kinder Sachtexte zu ihren Haustieren. Auch Lexika und Tierbücher sollten unterstützend zur Verfügung gestellt werden. Als Erstes heißt es nämlich: einlesen. Wissen die Schüler genug über ihr Haustier, kann die Arbeit am Bodenbild losgehen. Als Untergrund des Bodenbildes können Sie ein Tuch oder eine Decke legen, sodass das Bild auch in einem „entsprechendem Rahmen" liegt. Für das Bodenbild suchen sich die Kinder beispielsweise ein Bild ihres Haustieres aus, das sie in den Mittelpunkt legen. Alle wichtigen Informationen werden nun um diesen Kern herum verteilt. Wie die Schüler ihr Bodenbild aufbauen, sollten Sie ihnen jedoch selbst überlassen. Sind die Bodenbilder fertig, kann die Gruppe ihr Haustier den Mitschülern mithilfe ihres erarbeiteten Bodenbildes präsentieren.

ஃ Tipps

Lassen Sie doch auch einmal Bodenbilder anfertigen, zu denen die Schüler nicht sprechen müssen. Die verschiedenen Bodenbilder werden einfach bei einem Rundgang von den Schülern selbst verstanden.

Setzen Sie doch das Bodenbild auch ein, wenn Sie Schüler eine Geschichte nacherzählen lassen. Es kann helfen, wenn die Hauptfiguren und wichtige Nebenfiguren oder Gegenstände nach und nach bei der Erzählung der Geschichte in den Kreis gelegt werden können.

65 Sandkasten

Zeitbedarf ➲	ca. 2 Unterrichtsstunden
Jahrgangsstufe ➲	ab 2. Klasse
Fächer ➲	Sachunterricht
Sozialform ➲	GA

❄ Ziel

Die Schüler sollen mithilfe des Sandkastens räumliche Erscheinungen und Raum-Lage-Beziehungen besser verstehen.

✂ Material/Vorbereitung

Deltasand oder Mondsand (alternativ: Sand aus dem Urlaub/Spielplatz, Vogelsand), Kisten (z. B. Kopierpapier-Kartondeckel), je nach Ziel gefüllt mit: Streichhölzern, Miniatur-Verkehrsschildern, -Autos, -Ampeln, -Schränken, -Betten, -Tischen, -Figuren; Tafelkreiden, Sieb (siehe auch Tipps aus Idee 66: „Geschichten erzählen und schreiben mit dem Sandkasten")

⚙ So geht's

Besorgen Sie sich Kisten in der von Ihnen gewünschten Größe. Füllen Sie nun den Sand in die Kisten ein. In einem nächsten Schritt packen Sie die Materialien, mit denen die Kinder arbeiten sollen, in eine separate kleine Box.

Als Einstieg in die Arbeit mit dem Sandkasten zeigen Sie den Kindern einen von Ihnen angefertigten Sandkasten, zu dem sie sich zunächst frei äußern sollen. Beispielsweise stellen Sie Ihren Schulweg oder auch das Klassenzimmer dar. Zeigen Sie den Kindern, wie man Straßen, Flüsse, Wege etc. mit Kreide mit einbauen kann. Hierfür benötigen Sie ausschließlich Tafelkreiden und Teesiebe. Reiben Sie einfach die Kreide durch das Teesieb und schon bekommen Sie Farbe auf den Sand. Sobald Sie den Sand durchmischen, ist die Farbe auch schon wieder verschwunden.

Und nun können Sie auch schon die Kinder ans Werk gehen lassen. Teilen Sie die Kinder in kleine Gruppen ein. Achten Sie darauf, dass die Kinder einen annähernd gleichen Schulweg haben, nur so können sie gemeinsam arbeiten. Aufgabe ist es jetzt, mit dem vorhandenen Material den eigenen Schulweg darzustellen.

Sobald alle Kinder fertig sind, kann auch schon der Rundgang gestartet werden. Jede Gruppe darf ihren Schulweg den anderen Kindern vorstellen. Besprechen Sie gemeinsam mit den Kindern, was gelungen ist, was besser gemacht werden kann, wo noch Schwierigkeiten beim Verstehen des Schulwegs aufgetreten sind etc. Die entsprechende Gruppe kann ihren Weg anschließend noch verbessern. Abfotografiert haben Sie gleich ein Bild für einen Hefteintrag.

Sollten Ihre Kinder sehr unterschiedliche Schulwege haben, nehmen Sie doch einfach Deckel vom DIN-A3-Kopierpapier und befüllen diese mit Sand. Das Material finden die Kinder dann in Gemeinschaftskisten.

Alternativ zum Schulweg können Sie auch das Klassenzimmer bauen lassen und miteinander vergleichen.

Weitere Tipps zum Sandkasten
→ siehe Idee 66

66 Geschichten erzählen und schreiben mit dem Sandkasten

Zeitbedarf ➲ ab 1 Unterrichtsstunde
Jahrgangsstufe ➲ ab 1. Klasse
Fächer ➲ Deutsch
Sozialform ➲ GA und EA

✳ Ziel

Die Schüler sollen durch den Sandkasten zum Sprechen und Schreiben angeregt werden und ihre Geschichte mithilfe des Sandkastens präsentieren.

✂ Material/Vorbereitung

Deltasand oder Mondsand (alternativ: Sand aus dem Urlaub/Spielplatz, Vogelsand), Kisten, je nach Geschichte Kreiden, Sieb, div. Material (→ siehe Tipps)

⚙ So geht's

Befüllen Sie die Kisten mit Sand und gestalten Sie den Sandkasten nach einer Geschichte/Erzählung. Stellen Sie den Sandkasten dazu in die Mitte des Sitzkreises und erzählen/lesen Sie die passende Geschichte vor. Sie können die Kinder zunächst auch erste Ideen loswerden lassen, da den Kindern, sobald sie den Sandkasten sehen, viele Ideen durch den Kopf schwirren.

Im Anschluss daran sollen die Kinder in Gruppenarbeiten ihre eigene Landschaft, aus der später eine Geschichte wird, bauen. Die Kinder müssen sich auf ein Bauwerk einigen. Sobald ihre Landschaft fertig ist, kann sich jedes Kind seine Geschichte überlegen. Erstklässler schreiben sich vielleicht nur ein paar Worte auf und überlegen sich eine Geschichte, die sie ihren Klassenkameraden dann präsentieren. Das freie Erzählen einer Geschichte sollten Sie nicht ausschließlich in der 1. Klasse umsetzen. Auch in höheren Jahrgangsstufen kann dadurch das freie Sprechen geübt werden. Sicher werden nicht alle Kinder frei Geschichten erzählen können, aber Sie werden sehen, je öfter Sie dies trainieren, desto besser werden Ihre Kinder darin.

Ab Mitte der 1. Klasse können die Kinder ihre eigene Geschichte auch aufschreiben. Sie werden sehen, dass zu ein und demselben Sandkasten viele verschiedene Geschichten entstehen. Stellen Sie die unterschiedlichen Geschichten gemeinsam mit dem Sandkasten aus.

⚙ Tipps

Kisten, die sich zum Befüllen mit Sand eignen sind: flache Kartons (z. B. von Kopierpapier), Plastikkisten (gibt es relativ günstig und in vielen verschiedenen Größen mit Deckel in Einrichtungshäusern), Plexiglaswannen, alte Schubladen. Vielleicht haben Sie in Ihrem Pausenhof oder in der Nähe Ihrer Schule einen Sandkasten, den Sie zum Einsatz bringen können? Hier lassen sich vor allem Raum-Lage-Beziehungen und räumliche Erscheinungen gut darstellen.

Da für die Arbeit mit dem Sandkasten viel Material benötigt wird, scheuen Sie sich nicht davor, Ihre Kinder zu fragen, ob sie passende Dinge zu Hause haben und diese mitbringen würden. Wichtig ist hierbei, dass all diese Dinge mit einem Buchstaben gekennzeichnet werden oder jedes Kind eine Liste der mitgebrachten Dinge schreibt. Flohmärkte bieten auch immer ein Sammelsurium an Dingen.

Geeignetes Material ist:

Aquariumsdekoration, Naturmaterialien (Steine, Pflanzen, Zapfen, Muscheln, Wurzeln, Zweige), Überraschungseierfiguren, Schleich-Figuren, Playmobil®, Lego®, Knete, Salzteig, Bilder laminieren, Efa-Plast®, Tonpapier, Plastikfiguren, Streichholzschachteln …

67 Geschichten originell verpacken

Zeitbedarf ➲ ca. 45 Minuten
Jahrgangsstufe ➲ 1.–4. Klasse
Fächer ➲ Deutsch
Sozialform ➲ EA, PA

☀ Ziel

Die Schüler sollen verschiedene Schreibsituationen nutzen und individuelle Gestaltungsideen entwickeln.

✂ Material/Vorbereitung

Tragen Sie vielfältige Bastelmaterialien (Tonkarton, Papier, Bänder etc.) zusammen. Gut wäre es, wenn diese einen gut sichtbaren festen Platz im Klassenzimmer haben, auf den die Kinder stets Zugriff haben. Weiterhin ist man natürlich auf die jeweiligen Gestaltungsideen der Schüler angewiesen, d. h. die Kinder dürfen selbstverständlich auch Materialien für ihre „Geschichten-Verpackungsidee" von zu Hause mitbringen.

⚙ So geht's

Erfahrungsgemäß lieben Kinder es, eigene kleine Texte oder auch komplexere Geschichten zu verfassen. Die Geschichte immer nur auf ein weißes Papier zu schreiben, erscheint den Schülern oftmals als „langweilig". Warum also nicht die eigenen Texte originell verpacken? Beispielsweise als Flaschenpost, als Leporello (➡ siehe Idee 5), als Detektivgeschichte auf ein Blatt in Form einer „Lupe" oder als einen Sachtext mithilfe des Computers als richtigen Zeitungstext (mit Spalten). Für kleine Herbstgeschichten könnten die Kinder große Blätter pressen und den Text darauf kleben. Der Kreativität und Fantasie der Kinder sind hier keinerlei Grenzen gesetzt. Sie werden sehen, mit welchem Eifer Ihre Schüler originelle Verpackungsideen finden werden, auf die Sie als Lehrkraft garantiert nicht gekommen wären.

68 Texte mit Geräuschen begleiten

Zeitbedarf ➲	ca. 45 – 90 Minuten
Jahrgangsstufe ➲	1./2. Klasse
Fächer ➲	Deutsch, Sachunterricht
Sozialform ➲	GA

⁂ Ziel

Die Kinder sollen kreativ mit einem Text umgehen und diesen mithilfe von Instrumenten, unterschiedlichsten Gegenständen oder der eigenen Stimme klanggestaltend untermalen.

✂ Material/Vorbereitung

geeigneter Text oder Gedicht (z. B. „Es spukt" von Wilhelm Busch oder „Heut singt der Salamanderchor" von Robert Gernhardt), Instrumente, verschiedenste Gegenstände (z. B. Luftballon, Besteck, Schlüssel, Topf, Kochlöffel etc.)

✵ So geht's

Stellen Sie den Kindern geeignete Texte zur Verfügung, die viele Möglichkeiten zur Klanggestaltung bieten. Je nach Gedicht bzw. Textlänge sollten die Kleingruppen aus etwa drei bis sechs Kindern bestehen.

Die Kinder lesen zunächst den Text leise durch. Anschließend sollen sie sich den Text gegenseitig laut vorlesen und bereits beim Durchlesen überlegen, welche Wörter bzw. welche Satzteile klanggestaltend untermalt werden können. In einem nächsten Schritt erwägen sie, welche Instrumente oder Gegenstände als „Geräusche-Mittel" geeignet sind, probieren diese aus und tauschen sie gegebenenfalls gegen andere, die besser passen. Weiterhin sollen die Kinder nachdenken, welche Geräusche sie sogar mit ihrer eigenen Stimme machen können. Wind (pusten) und Regen/Gewitter (schnipsen, klatschen, stampfen) lassen sich sehr gut mit den eigenen Körperteilen verklanglichen.

Nun müssen noch einige Aufgaben verteilt werden.
Wer trägt den Text vor? Wer macht welche Geräusche
bzw. welche Klänge? Die Kinder probieren die
jeweiligen Geräusche in Verbindung mit dem Text aus
und üben ihren Vortrag. Zum Abschluss präsentieren sie
der Klasse ihren Text mit ihren eigenen Geräuschen und
Klängen.

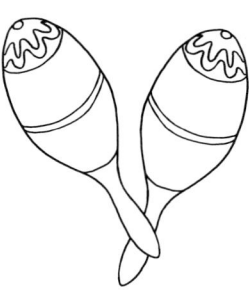

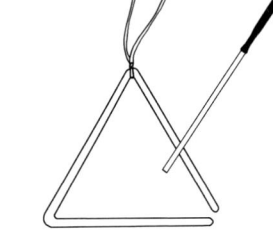

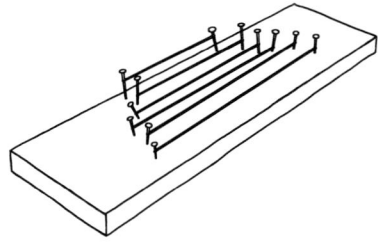

⚒ Tipps

Im Vorfeld können bereits gemeinsam Ideen gesammelt werden, welche Gegenstände sich gut eignen, um Geräusche zu erzeugen. Diese können evtl. in einer Kiste in der Mitte des Klassenzimmers präsentiert werden, sodass jedes Kind darauf zurückgreifen kann.

Vor allem in der Küche finden sich viele Utensilien, die unterschiedlichste Töne erzeugen.

Lassen Sie die Kinder eine „Vortrags-Variante" wählen:

- Ein Kind liest einen Abschnitt vor. Nach jedem Abschnitt erzeugen die Kinder die passenden Klänge.
- Bereits während des Vortrages wird der Text mit den passenden Geräuschen untermalt.

69 Kamishibai

Zeitbedarf ➲	ca. 1–2 Unterrichtsstunden
Jahrgangsstufe ➲	ab 1. Klasse
Fächer ➲	Deutsch
Sozialform ➲	EA, PA, GA, Klassenstärke

⁂ Ziel

Die Schüler sollen das japanische Erzähltheater kennenlernen und zu einer Geschichte eigene Bilder anfertigen, die sie im Kamishibai präsentieren können.

✂ Material/Vorbereitung

Computer, Scanner, Drucker, Bilderbücher, schon fertig erstelltes Kamishibai oder ein Bilderrahmen mit Flügeltüren, Tisch, Papier, Stifte

Wählen Sie zunächst ein geeignetes Bilderbuch aus, das Sie Ihrer Klasse mit dem Kamishibai präsentieren möchten. Scannen Sie dazu die einzelnen Bilderbuchseiten ein und entfernen mithilfe eines Programmes (z. B. Paint) die Schrift. Drucken Sie anschließend die Seiten aus und laminieren Sie diese.

⚛ So geht's

Das Wort „Kamishibai" kommt aus dem Japanischen und setzt sich aus den Wörtern „kami" (dt. Papier) und „shibai" (dt. Theater, Schauspiel) zusammen. Übersetzt bedeutet es so viel wie „Papiertheater". Zu wechselnden Bildern, die in einen Rahmen geschoben werden, erzählt der Vorführer eine kurze Geschichte.

Bitten Sie Ihre Kinder, im Kinositz Platz zu nehmen, und stellen das Kamishibai in der Mitte auf einen Tisch. Damit richtiges „Kinoflair" entsteht, können Sie auch den Raum etwas verdunkeln und das Kamishibai beleuchten, um somit die volle Aufmerksamkeit auf das Erzähltheater zu richten. Lassen Sie die Schüler zunächst vermuten, was sich hinter dem Rahmen verbergen könnte. Öffnen Sie nun langsam die Flügeltüren und präsentieren anschließend die ersten Bilder. Erzählen Sie dazu die Geschichte oder lassen Sie die Kinder zum Bild erzählen. Sie werden sehen, wie gebannt Ihre Schüler ihren Blick auf das Erzähltheater richten werden und gespannt auf die nächsten Bilder warten. An einer spannenden bzw. entscheidenden Stelle können Sie die Klasse dazu auffordern, sich zu überlegen, wie die Geschichte weitergehen könnte. Im Anschluss daran sollen sich die Kinder in Kleingruppen Gedanken dazu machen und das nächste Bild bzw. die nächsten Bilder für das Kamishibai gestalten. Jede Gruppe darf natürlich ihr(e) Bild(er) im Erzähltheater den Mitschülern präsentieren und ihren persönlichen Ausgang der Geschichte vortragen.
In höheren Klassen können die Kinder ganze Geschichten selbst planen bzw. entwerfen und dazu die Bilder zeichnen sowie die Texte dazu verfassen.

⚘ Tipps

Durch das Erzähltheater entdecken die Kinder Spaß am freien Erzählen, am Verfassen eigener (Bilder-)Geschichten und natürlich am Präsentieren. Sie dürfen schließlich eine eigene kleine Theateraufführung „inszenieren".

Ein Kamishibai können Sie käuflich erwerben, aber auch relativ leicht selbst herstellen. Dazu benötigen Sie vier Holzplatten, drei Kanthölzer und vier Scharniere. Aus der Platte für die Vorderwand schneiden Sie ein großes, rechteckiges Loch heraus, dieses sollte etwa so groß sein, dass entweder ein DIN-A4- oder sogar ein DIN-A3-Blatt gut dahinterpasst und zu sehen ist. Umranden Sie dieses rechteckige Loch mit den drei Kanthölzern auf der Rückseite der Vorderwand. Kleben Sie anschließend eine weitere passende Rückwand genau auf die Kanthölzer, sodass ein „Einsteck-Behälter" für die Bilder entsteht. Befestigen Sie nun die zwei übrigen Platten als Flügeltüren mit den Scharnieren links und rechts an der Vorderseite der Platte mit dem „Bilderbehälter".

(© www.schuelerfirma-stoeckchen.de – hier können Sie Kamishibais direkt bestellen)

70 Erinnerungsbuch

Zeitbedarf ➲ je nach Aufwand des Buches, z. B. 2 Jahre
Jahrgangsstufe ➲ 1./2. Klasse
Fächer ➲ Deutsch
Sozialform ➲ Hier ist die Arbeit der Lehrkraft gefragt.

☀ Ziel

Die Kinder bekommen z. B. am Ende der ersten beiden Schuljahre ihr persönliches Erinnerungsbuch überreicht.

✂ Material/Vorbereitung

Sie benötigen Geschichten, Texte, Briefe, Wunschzettel etc. Ihrer Schüler, die Sie zunächst aufbewahren.

⚙ So geht's

Sicher geht es Ihnen auch oft so, dass Sie Ihre Schüler Texte verfassen lassen und danach nicht wissen, was mit diesen Texten geschehen soll. Ins Heft einkleben, in die Mappe einheften oder doch, was man ja nicht unbedingt tun sollte, in den Müll werfen? Wir haben die Werke unserer Schüler zwei Jahre lang gesammelt. Angefangen von den ersten geschriebenen Wörtern und Sätzen über kleine Texte, Wunschzettel an das Christkind, Sachtexte, Briefe, Texte zum Muttertag, Feriengeschichten usw. Nach den ersten beiden Schuljahren haben wir diese Werke für jedes Kind zu seinem persönlichen Erinnerungsbuch gebunden und ihnen am letzten Schultag vor den Sommerferien als Geschenk überreicht. Die Kinder waren begeistert, haben fasziniert in ihren bzw. in den Büchern der Mitschüler geschmökert. Meistens konnten sie sich gar nicht mehr an ihre „Anfänge" erinnern („So habe ich geschrieben?", „Das soll … heißen?") und mussten oftmals darüber schmunzeln.

☃ Tipps

Schaffen Sie sich am besten einen Aktensammler bzw. eine Sammelmappe an, in die Sie die Werke für jeden Schüler einzeln einsortieren können. Das erspart Ihnen am Ende eine Menge Arbeit, denn so haben Sie die Geschichten eines Schülers in einer Mappe o. Ä. sofort parat. Wir glauben, dass sich dieses Erinnerungsbuch hauptsächlich für die ersten beiden Jahrgangsstufen eignet, denn in

den höheren Klassen ist natürlich nicht mehr dieser große Fortschritt (hinsichtlich Verschriften) sichtbar.

71 Rechenwege

Zeitbedarf ➲ ca. 1–2 Unterrichtsstunden
Jahrgangsstufe ➲ ab 2. Klasse
Fächer ➲ Mathe
Sozialform ➲ EA, PA, GA

☀ Ziel

Die Schüler sollen Lösungsstrategien entwickeln und ihre eigene Vorgehens-
weise den Klassenkameraden vorstellen.

✂ Material/Vorbereitung

kariertes DIN-A3-Papier, dicker Filzstift

✿ So geht's

Kinder rechnen auf unterschiedliche Weise. Dies kann man sich zunutze ma-
chen und die Kinder ihre unterschiedlichen Rechenwege verbalisieren lassen.
Kommunizieren zählt neben dem Problemlösen, Argumentieren, Darstellen
und Modellieren zu den Kernkompetenzen des Mathematikunterrichts.
Bereits in der 2. Klasse, sobald die Zahlen bis 100 erschlossen sind, können
Sie die Schüler ihre Rechenwege erklären lassen. Dies wird bereits von vielen
Mathematikbüchern aufgegriffen.
Schreiben Sie den Schülern eine „neue" Aufgabe (19 + 36) an die Tafel. Nun
dürfen die Schüler die Rechnung in Einzelarbeit oder in ihrer Gruppe lösen. Zunächst werden die Schüler darüber sprechen, wie man die Aufgabe ausrechnen
könnte, und sich anschließend für einen Rechenweg entscheiden und diesen
notieren. Besonders schnelle Gruppen dürfen sich auch einen zweiten Rechenweg überlegen und diesen auf ein neues Blatt notieren. Darüber hinaus sollen
sich die Schüler überlegen, was an ihrem Rechenweg besonders geschickt ist.
Anschließend werden die verschiedenen Rechenwege der Klasse vorgestellt und
gemeinsam reflektiert. Gibt es Fehler im Rechenweg? Ist er verständlich? Gibt
es Unterschiede? Welcher Rechenweg ist besonders geschickt und warum?

Am Ende dürfen die Schüler entscheiden, welchen Rechenweg sie wählen würden. Hierfür hängen sie einfach einen farbigen Punkt neben den entsprechenden Weg.

⚛ Tipps

In der 4. Klasse eignet sich auch das Finden von Rechenwegen zu einer Zielzahl. Beispielsweise „Triff die 50". Hier gibt es Regeln, die die Kinder bei ihren Rechenwegen einhalten müssen.
Regel 1: Man muss 5 Zahlen addieren.
Regel 2: Startzahl ist frei wählbar.
Regel 3: Pluszahl ist frei wählbar.
Es gibt 6 Möglichkeiten, um zur Zielzahl 50 zu kommen: Startzahl 10/Pluszahl +0, Startzahl 8/Pluszahl +1, Startzahl 6/Pluszahl +2, Startzahl 4/Pluszahl +3, Startzahl 2/Pluszahl +4, Startzahl 0/Pluszahl +5

72 Pizza-Rechengeschichten

Zeitbedarf ➲	ca. 3–4 Unterrichtsstunden
Jahrgangsstufe ➲	ab Ende 1. Klasse
Fächer ➲	Mathematik
Sozialform ➲	EA, PA, GA

☀ Ziel

Die Schüler sollen Problemstellungen in Form einer Rechengeschichte erfinden und diese der Klasse präsentieren.

✂ Material/Vorbereitung

verschiedene Speisekarten z. B. einer Pizzeria, evtl. altes Telefon, Skizzenpapier, Karteikarten (kariert), Stifte

⚙ So geht's

Sie kennen das sicher auch, dass sich Ihre Schüler selten gern mit Sachaufgaben im Mathematikunterricht beschäftigen. Bei vielen Sachaufgaben fehlt leider der

Realitätsbezug, mit dem sich Kinder identifizieren können und der ihr Interesse wecken würde. Aus diesem Grund müssen den Kindern Sachsituationen angeboten werden, in denen sie auch handlungsorientiert arbeiten können. Präsentieren Sie Ihrer Klasse beispielsweise die Speisekarte einer Pizzeria. Sie werden sehen, mit welchem Eifer die Schüler von ihren Erfahrungen berichten. Besprechen Sie gemeinsam kurz den Aufbau einer Speisekarte, klären Sie eventuell unbekannte Wörter und lesen Sie natürlich gemeinsam mit den Schülern, was man alles Leckeres bestellen kann.

In einem weiteren Schritt bieten sich kleine Rollenspiele (→ siehe Idee 45) hervorragend an. Lassen Sie die Kinder telefonisch eine Bestellung durchführen. Denken Sie dabei auch an die Requisiten (zwei Telefone, Block, Stift, Speisekarte), durch die die Kinder mit noch größerer Begeisterung bei der Sache sein werden.

Im Anschluss daran können Sie eine selbst verfasste Pizza-Rechen-Geschichte vortragen. Daraufhin erklären Sie den Kindern, dass Sie nun ihre eigenen Pizza-Rechengeschichten verfassen dürfen. Ziele dabei sind das Entwerfen einer Problemstellung, das Umwandeln in eine Rechnung sowie das Lösen der Rechenaufgabe. Geben Sie den Schülern zunächst Skizzenpapier, auf dem sie ihre Pizza-Rechengeschichte entwickeln können. Oftmals sind die Kinder nicht immer gleich zufrieden und möchten noch etwas am Inhalt ändern. Gefällt den Schülern ihr Ergebnis, dürfen sie ihre Rechengeschichte auf einer Karteikarte notieren. Dabei sollten die Rechengeschichte sowie die Fragestellung auf der Vorderseite stehen, auf der Rückseite sollten die Kinder die Rechnung sowie einen Antwortsatz festhalten.

Jeder Schüler darf nun seine Pizza-Rechengeschichte präsentieren, indem er diese beispielsweise an einer Pinnwand, Seitentafel o.Ä. ausstellt. Somit ist die Aufgabe jederzeit allen Schülern zugänglich.

Auf diese Weise entsteht schnell eine Klassen-Pizza-Kartei. Sie werden feststellen, mit welcher Motivation Ihre Schüler nicht nur eine, sondern gleich mehrere Rechengeschichten erstellen wollen.

Geben Sie den Schülern doch zu Beginn der folgenden Mathematik-Stunden 5 bis 10 Minuten Zeit, damit sie sich eine Pizza-Rechengeschichte der Mitschüler holen können, um diese zu lösen.

⚡ Tipps

Als Abschluss dieser Sequenz würde es sich natürlich anbieten, wenn möglich, gemeinsam eine Pizza zu backen.

Denkbar sind hier natürlich sämtliche Arten von Rechengeschichten. Wie wäre es beispielsweise mit einer Eis-Rechengeschichte? Ein Ausflug am Wandertag, Skifahren am Wochenende oder auch das Schullandheim bieten weitere Möglichkeiten, um Rechengeschichten mit Lebensweltbezug zu entwickeln. Ihre Schüler sind sicherlich begeistert.

Ein Vorteil der entstehenden Klassen-Kartei ist auch die Selbstkontrolle. Bevor die Rechengeschichten ausgestellt werden, liegt es selbstverständlich noch an Ihnen, dass Sie die Geschichten auf mathematische Korrektheit überprüfen.

73 Ferienwand/Ferientafel

Zeitbedarf ➲	ca. 45 Minuten
Jahrgangsstufe ➲	1.–4. Klasse
Fächer ➲	Deutsch
Sozialform ➲	EA

❊ Ziel

Die Kinder gestalten einen Beitrag zur Ferienwand.

✂ Material/Vorbereitung

große Pinnwand, Seitentafel, Papier, Stifte, Klebstift, Schere

⚙ So geht's

Kinder lieben es, von ihren Ferien zu berichten. Anstatt die Kinder nach den Ferien „nur" kurz im Morgenkreis davon berichten zu lassen, gestalten Sie doch einfach gemeinsam eine Ferienwand. Bilder, Fotos oder Andenken können noch lange an die Ferienerlebnisse erinnern. Bitten Sie die Kinder, je nach Klassenstufe, Wörter, Sätze oder sogar kleine Geschichten dazu zu schreiben. Die Ergebnisse können Sie beispielsweise an einer Seitentafel präsentieren. Die Ferienwand wird einfach vor jeden „neuen" Ferien abgeräumt, um Platz für Neues zu schaffen. Gestartet werden kann gleich nach den Sommerferien. Durch die Bilder und mitgebrachten Andenken werden die geschriebenen Erzählungen der Kinder noch unterstützt und die Ferienwand wird zum Blickfang.

⚝ Tipps

Die Ferienwand kann auch als Ferien-Quiz dienen. Die Kinder müssen durch geschicktes Fragen bzw. Raten herausfinden, was die Klassenkameraden in den Ferien gemacht haben.

Eine andere Möglichkeit für die Ferienwand ist es, die Kinder ihre Wünsche oder Pläne für die kommenden Ferien aufschreiben zu lassen.

Sollten Kinder Probleme mit dem (freien) Schreiben haben, können Sie ihnen vorbereitete Satzkarten zur Verfügung stellen, die sie nur noch ergänzen müssen: „In den Ferien würde ich gern ...", „Von den Ferien wünsche ich mir ..." oder „In den Ferien fahre ich ...".

74 Ferienplakat

Zeitbedarf ⊃	ca. 90 Minuten
Jahrgangsstufe ⊃	ab 2. Klasse
Fächer ⊃	Sachunterricht
Sozialform ⊃	EA

⁂ Ziel

Die Schüler gestalten ein Plakat über ihre Ferien.

✂ Material/Vorbereitung

Tonkarton in DIN A2, Material aus dem Urlaub, evtl. auch Reiseprospekte, evtl. Heißklebepistole

⚙ So geht's

Nach Ferien, insbesondere nach langen Ferien, haben die Schüler meist einen sehr großen Erzählbedarf über ihr Erlebtes. Um nicht immer am Montag nach den Ferien viel Zeit in einem Erzählkreis zu verbringen, bei dem die Kinder relativ schnell unruhig werden, ist das Ferienplakat eine gelungene Abwechslung. So bekommt wirklich jedes Kind die Chance, ausführlich über seine Ferien zu berichten.

Am besten geben Sie Ihren Kindern bereits vor den Ferien den Hinweis, dass Sie nach den Ferien Gegenstände, Bilder etc. aus ihrem Urlaub bzw. von ihren Erlebnissen in den Ferien mit in die Schule bringen sollen. Die Kinder können Sand, kleine Steine, Bilder, Fotos, Flyer, Reiseprosekte, Eintrittskarten, Postkarten, die Flagge des Urlaubslandes, Speisekarten, Flugtickets etc. mitbringen. Die Kinder erhalten jeweils einen großen Tonkarton, aus dem am Ende ihr Ferienplakat wird. Was die Kinder alles auf ihr Plakat kleben und schreiben, sollten Sie ganz den Kindern überlassen. Stehen Sie ihnen lediglich beratend zur Seite und geben Tipps. Möglicherweise passen nicht alle Dinge auf das Plakat. Die Kinder sollten ihr Plakat zunächst nur legen. Erst wenn sie mit dem, was sie sehen, auch wirklich zufrieden sind, sollten sie mit dem Kleben beginnen. Lassen Sie die Kinder ruhig ihr schönstes Ferienerlebnis notieren. Hier ist es auch sinnvoll, den Kindern eine Blanko-Vorlage an die Hand zu geben, die dann nur noch beschrieben wird.

Sobald die Plakate fertig sind, suchen Sie noch einen geeigneten Platz, um die Plakate aufzuhängen. Geben Sie den Kindern unbedingt genügend Zeit, die Plakate der Mitschüler in Ruhe anzuschauen. Nur so werden die Ergebnisse der Kinder ausreichend gewürdigt. Schließlich ist das Plakat die Alternative zum Erzählen.

☘ Tipps

Verwenden Sie verschiedene Farben. Durch die verschiedenen Farben des Tonkartons kommen die einzelnen Ergebnisse besser zur Geltung.

Sie könnten die Schüler auch alle ein bis zwei Sätze zu ihrem Ferienplakat sagen lassen. So erhält wirklich jedes einzelne Plakat seine Aufmerksamkeit.

Zum Aufhängen eignet sich vielleicht auch der Schulgang. So sehen nicht nur die Mitschüler der Klasse, sondern sogar Kinder aus anderen Klassen das tolle Ergebnis.

75 Modenschau

Zeitbedarf ➲	ca. 30 – 45 Minuten
Jahrgangsstufe ➲	ab 1. Klasse
Fächer ➲	Sachunterricht, Fremdsprachen
Sozialform ➲	Klassenstärke

✳ Ziel

Die Schüler sollen mithilfe verschiedenster Kleidungsstücke eine Modenschau vorbereiten und präsentieren.

✀ Material/Vorbereitung

unterschiedlichste Kleidungsstücke, Musik, CD-Player

⚙ So geht's

Kinder lieben es, sich zu verkleiden. Nutzen Sie diese Vorliebe und planen gemeinsam eine kleine Modenschau. In der 1. Klasse können Sie dies z.B. beim Thema „Wetter" bzw. „Verkehrserziehung" fokussieren. Besprechen Sie mit Ihren Schülern, dass sie ihre Kleidung stets dem Wetter anpassen müssen, d.h. der Wetterlage sowie den Sichtverhältnissen entsprechend. Ihre Schüler können sich nun im Anschluss eine kleine Modenschau überlegen. Lassen Sie den Kindern dabei freie Hand und treten als „Berater" bewusst in den Hintergrund. Ihre Schüler haben sicherlich viele Ideen und entwickeln bereits kleine Choreografien. Auch Musik darf natürlich wie bei einer echten Modenschau nicht fehlen. Geben Sie entweder Musiktitel vor oder lassen die Kinder auch hier über die Musik selbst entscheiden. Bauen Sie zum Abschluss einen richtigen „Catwalk" in Ihrem Klassenzimmer und lassen die Schüler nun ihre Modenschau präsentieren.

Auch im Fremdsprachenunterricht können Sie eine Modenschau einsetzen, z.B. beim Wortschatzthema „Kleidung". Lassen Sie beispielsweise jeden Schüler ein Kleidungsstück auswählen, das er präsentieren möchte und dazu den englischen/französischen sowie den deutschen Namen dazu nennen.

⚝ Tipps

Ein Highlight ist es natürlich auch, die Modenschau der gesamten Schule zu präsentieren, zu der Sie auch die Eltern einladen können.

76 Werbeprospekt

Zeitbedarf ➲	ca. 2–3 Unterrichtsstunden
Jahrgangsstufe ➲	ab 3. Klasse
Fächer ➲	Sachunterricht
Sozialform ➲	PA, GA

✳ Ziel

Die Schüler sollen wesentliche Details eines Werbeprospektes erkennen und selbst einen Prospekt für ihren Ort/Stadtteil/Stadt entwerfen.

✂ Material/Vorbereitung

verschiedene Prospekte, Urlaubskataloge, Reiseführer, Papier, Stifte, Schere, Kleber, Computer, Drucker

⚙ So geht's

Lassen Sie die Kinder als vorbereitende Hausaufgabe (geben Sie dafür mind. eine Woche Zeit) Prospekte von unterschiedlichen Orten/Städten bzw. Urlaubsprospekte mitbringen. In Gruppenarbeit können die Kinder zunächst die Prospekte miteinander vergleichen und ermitteln, welche Informationen man diesen entnehmen kann (z.B. Informationen über den Ort, Sehenswürdigkeiten, Ausflugsziele etc.). Im Plenum können daran anschließend die Ergebnisse genauer thematisiert werden.

Erläutern Sie den Kindern, dass sie nun einen eigenen Prospekt ihres Ortes/ihrer Stadt entwerfen dürfen. Dazu sollen sie sich Gedanken darüber machen, welche Besonderheiten/Gegebenheiten ihr Ort aufweist, und diese kurz notieren. Im Anschluss daran wird in der Gruppe diskutiert, welche Informationen ihr Prospekt enthalten soll. Welche Sehenswürdigkeiten gibt es in unserem Ort? Welche Ausflugsziele können wir empfehlen? Es ist ratsam, vorab einen „Probe-

Prospekt" grob zu skizzieren. Oft können sich die Kinder nicht auf Anhieb vorstellen, wie das Ergebnis aussieht bzw. wirkt. Ist die Gruppe schließlich mit dem vorläufigen Ergebnis zufrieden, dürfen sie ihren Prospekt auch am Computer gestalten. Dazu können sie ein DIN-A4-Blatt im Querformat in drei Textsäulen teilen und dieses ausgedruckt in Prospektform falten.

⅋ Tipps

Fragen Sie in Reisebüros nach Prospekten bzw. Urlaubskatalogen. Auch im Rathaus Ihrer Gemeinde/Stadt erhalten Sie Prospekte oder Sie bestellen Prospekte kostenlos im Internet.

Eine nette Idee ist es auch, einen Prospekt des Ortes ausschließlich für Kinder erstellen zu lassen.

Eine weitere Möglichkeit wäre es, einen Werbeprospekt für ein Urlaubsland entwickeln zu lassen. Hierfür sollen die Kinder Prospekte bzw. Informationsmaterial über das jeweilige Land besorgen und im Anschluss einen Prospekt für ihr gewähltes Urlaubsland gestalten. Informationen erhalten sie aus Reiseführern oder Urlaubskatalogen (evtl. von zu Hause mitbringen lassen oder aus der Bücherei ausleihen). Lassen Sie den Gruppen bei der Gestaltung freie Hand und geben nicht allzu viel vor. Sie werden sehen, die Kinder präsentieren tolle Ergebnisse.

77 Klassenfernsehen

Zeitbedarf ➲ je nach Aufwand des „Fernsehers" und des Umfangs der „Fernsehsendung"
Jahrgangsstufe ➲ ab 1. Klasse
Fächer ➲ Deutsch, Sachunterricht
Sozialform ➲ EA, PA, GA

⚙ Ziel

Die Schüler sollen in Einzel-, Partner- oder Gruppenarbeit eine Fernsehsendung entwickeln und präsentieren.

✂ Material/Vorbereitung

großer Pappkarton (z. B. Umzugskiste), Schere oder Teppichmesser, Acrylfarben, Pinsel, großes Tuch (Bettlaken)

⚙ So geht's

Gestalten Sie mithilfe eines großen Pappkartons einen „Klassenfernseher". Der Karton muss dazu mit der Öffnung nach oben gestellt werden. Nun können die vier (teilweise nur zwei) Klappen abgeschnitten werden. Mit dem Boden des Kartons gehen Sie identisch vor. Schneiden Sie noch eine der beiden langen Seiten des Kartons ab. Fertig ist das Grundgerüst Ihres Klassenfernsehers. Schneiden Sie jetzt nur noch den Bildschirm aus der großen Fläche des Kartons heraus. Falls Sie einen „Deckel" auf Ihren Fernseher haben wollen, kleben Sie die abgetrennte, lange Seite des Kartons mit Klebeband oben fest. Nun kann der Fernseher auch schon mit Farben gestaltet werden. Hier können Sie ruhig die Kinder ans Werk gehen lassen. Schließlich sind auch sie es, die dort ihre Nachrichten oder Geschichten präsentieren werden.

Sobald der Fernseher getrocknet ist, können die Fernsehsendungen starten. Hierfür stellen Sie den Fernseher auf einen Tisch, der mit einem großen Tuch abgedeckt ist, um zu verhindern, dass die Füße der Kinder zu sehen sind.

Die Kinder setzen sich nun auf einen Stuhl hinter den Fernseher und präsentieren ihre Sendung.

Was die Kinder in ihrer Fernsehsendung präsentieren, ist ganz Ihnen überlassen. Lassen Sie die Kinder doch ein Märchen oder eine Erzählung vorlesen. Die Kinder können auch in Gruppenarbeit (Schul-)Nachrichten vorbereiten und durch einen Nachrichtensprecher der Klasse präsentieren. Gute Sänger könnten der Klasse auch ein Musikstück vorführen.

✸ Tipps

Der Klassenfernseher eignet sich auch dafür, eine Schulwoche Revue passieren zu lassen. Hierfür gibt es jeden Freitag andere Nachrichtensprecher, die über das Erlebte in der vergangenen Schulwoche Bericht erstatten. Geben Sie den Nachrichtensprechern vor ihrer Sendung Zeit, sich das Wichtigste zu notieren. Diese Nachrichtensendung sollte nicht nur ein Kind erstellen, sondern mehrere Schüler gemeinsam entwickeln. Eine nette Idee ist es auch, die Fernsehsendungen bzw. Nachrichten aufzunehmen und beispielsweise am Ende des Schuljahres gemeinsam anzuschauen.

78 Weihnachtskoffer

Zeitbedarf ➲	ca. 90 Minuten
Jahrgangsstufe ➲	1.–4.Klasse
Fächer ➲	Kunst, Sachunterricht
Sozialform ➲	EA, PA, GA

☀ Ziel

Die Kinder gestalten einen Koffer zu einem vorgegebenen Thema.

✂ Material/Vorbereitung

(Schuh-)Karton, Stifte, Farben, Pinsel, Kleber, Schere, Motivvorlagen, Servietten etc., Zeitung (zum Abdecken der Tische)

✿ So geht's

Als Einstieg können Sie mit den Kindern zunächst die Bedeutung des Weihnachtsfestes und die daraus entstandenen Bräuche bzw. Besonderheiten besprechen. Als vorbereitende Hausaufgabe sollten die Kinder „Weihnachtsgegenstände" mitbringen, die auf einem Tisch präsentiert werden (Engel, Weihnachtsmann, Christbaumkugel, Kerzen …).
Anschließend grundieren die Kinder ihren Koffer in typischen Weihnachtsfarben: rot, grün und/oder gold. Nach dem Trocknen verzieren die Kinder ihren Weihnachtskoffer (Deckel, Boden und Seitenwände außen). Hierfür bieten sich an: die Collage (mit Weihnachtsmotiven), Serviettentechnik oder das Bemalen. Sie können beispielsweise auch einen Gedicht-Koffer gestalten lassen. Dazu sollen die Schüler Dinge suchen, die im jeweiligen Gedicht vorkommen, und diese in den Koffer kleben. Anschließend können sie das Gedicht auf einem Schmuckblatt notieren, dieses einrollen und zubinden und ebenfalls mit in den Gedicht-Koffer geben.

⚛ Tipps

Der Weihnachtskoffer ist eine nette Idee, um ein Weihnachtsgeschenk „mal anders" zu verpacken.
Diese Koffer-Gestaltung ist natürlich auch für viele andere Themen denkbar: Ostern, Jahreszeiten, Halloween, Fasching, Geburtstag …

Darüber hinaus ist ein derart gestalteter Koffer (Kiste) auch eine gute Aufbewahrungsmöglichkeit für alles, was in der Schule zu diesem Thema bearbeitet oder gebastelt wird. Eine Idee, um den Koffer auch in der Schule zu nutzen, wäre beispielsweise die Gestaltung eines Koffers zu einem Sachunterrichtsthema, das das ganze Jahr über immer wieder thematisiert wird (z. B. Hecke oder Wiese im jahreszeitlichen Verlauf).

111 Ideen für selbstständiges Präsentieren

4

Ideen für komplexere Präsentationen

79 Lapbook

Zeitbedarf ➲	ab 5 Unterrichtsstunden
Jahrgangsstufe ➲	ab 1. Klasse
Fächer ➲	Sachunterricht
Sozialform ➲	EA, PA, GA

❋ Ziel

Die Schüler sollen zu einem vorgegebenen Thema ein Klappbuch basteln, in das sie alles hineinkleben und schreiben, was sie bei dem Thema als wissenswert erachten.

✂ Material/Vorbereitung

großes Tonpapier (kleines Lapbook: DIN A3, mittleres Lapbook: DIN A2, großes Lapbook: DIN A1), Schere, Kleber, dicke und dünne Stifte, Sachbücher

⚙ So geht's

Lapbooks kommen aus Amerika und liegen dort sehr im Trend. Lapbooks sind Faltbücher, die zu einem Thema entstehen, dem sich die Schüler schreibend, bastelnd und malend nähern. Ähnlich wie bei einem Portfolio (➜ siehe Idee 82) werden hier viele verschiedene Informationen gesammelt und optisch ansprechend präsentiert. In das große Faltbuch, das sich mehrfach aufklappen lässt, können noch viele kleinere Faltbücher in den unterschiedlichsten Formen und Arten, Taschen, Umschläge mit Karten etc. hineingeklebt werden. So wird man immer wieder von Neuem überrascht.

Zeigen Sie den Kindern zunächst ein von Ihnen angefertigtes Lapbook und lassen Sie die Kinder versprachlichen, was sie sehen. Klappen Sie hierfür Ihr Lapbook Schritt für Schritt mithilfe der Kinder auf und erklären Sie Ihnen, dass ein Lapbook ein Faltbuch ist, das sich mehrfach aufklappen lässt, in dem sich dann wiederum weitere Faltbücher, Taschen, Umschläge etc. befinden können.

Das erste Lapbook, das Sie gemeinsam mit den Kindern anfertigen, sollten Sie im Gleichschritt beginnen und die Schüler erst nach und nach ihre eigenen Wege gehen lassen. Zeichnen Sie nun gemeinsam mit den Kindern die Vorlage für das Lapbook auf Tonpapier. Hier sollten sich die Schüler gegenseitig helfen. Sobald die große Vorlage aufgezeichnet ist, kann sie auch schon ausgeschnitten und gemeinsam an den entsprechenden Seiten gefaltet werden. Schon ist ihr

Blanko-Lapbook fertig und kann gefüllt werden. Lassen Sie die Schüler zunächst die Titelseite ihres Lapbooks gestalten. Hier sollte sich auf alle Fälle das Thema, um das sich das Lapbook dreht, wiederfinden. Sobald die Titelseite fertig ist, sammeln Sie Ideen, was alles in das Lapbook passt.

In einem Lapbook zum Thema „Wald" könnten sich beispielsweise folgende Dinge wiederfinden: ein Faltbuch in Laubbaum-Form mit Informationen über die verschiedenen Laubbäume sowie dasselbe für die Nadelbäume, ein hineingeklebter Umschlag mit einem selbst erstellten Pilz-Memory®, ein Bild über die Schichten des Waldes, Bilder der Tiere des Waldes, übereinander, fixiert mit Musterbeutelklammern etc. Den Ideen sind hier keine Grenzen gesetzt.

Fertigen Sie die ersten Inhalte für das Lapbook gemeinsam mit allen Schülern an. Vorlagen für das Innenleben lassen sich ganz einfach in Word, mit den dort zu findenden Flächen und Formen erstellen. Hier können Sie die Linien, an denen die Kindern entlangschneiden, durchgezogen darstellen bzw. die Faltlinien gestrichelt. So vermeiden Sie Fragen wie „Muss ich an der Linie entlangschneiden?", „Muss ich hier falten oder schneiden?".

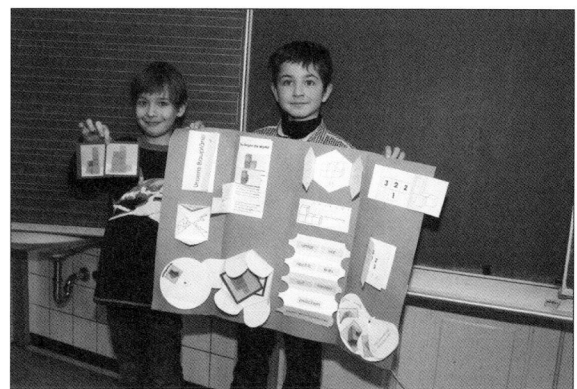

🎯 Tipps

Bastelvorlagen sowie Themenvorschläge mit Material zum Thema Lapbook finden Sie z. B. auf der Homepage von Susanne Schäfer (www.zaubereinmaleins.de). Der Form des Lapbooks sind keinerlei Grenzen gesetzt. Testen Sie jedoch jede Lapbookvorlage zu Hause, so erkennen Sie bereits frühzeitig Probleme, die beim Basteln eines Lapbooks auftreten können. Je mehr Rundungen und Felder Sie in Ihr Lapbook einbauen, desto komplizierter wird das Ausschneiden und Falten für die Kinder.

Fertigen Sie doch auch einmal ein Lapbook zu einer Klassenlektüre an oder lassen Sie die Kinder ein ganz individuelles Lapbook zu ihrem Lieblingsbuch anfertigen. Hierfür sollten die Schüler die Arbeit mit einem Lapbook jedoch bereits kennen und wissen, wie ein Lapbook aussieht und gestaltet werden kann. Stellen Sie doch die fertigen Lapbooks auf Ausstellungssockeln (→ siehe Idee 99) oder mithilfe einer Präsentationslandschaft (→ siehe Idee 100) aus.

Mögliche Form eines Lapbooks ohne Innenleben:

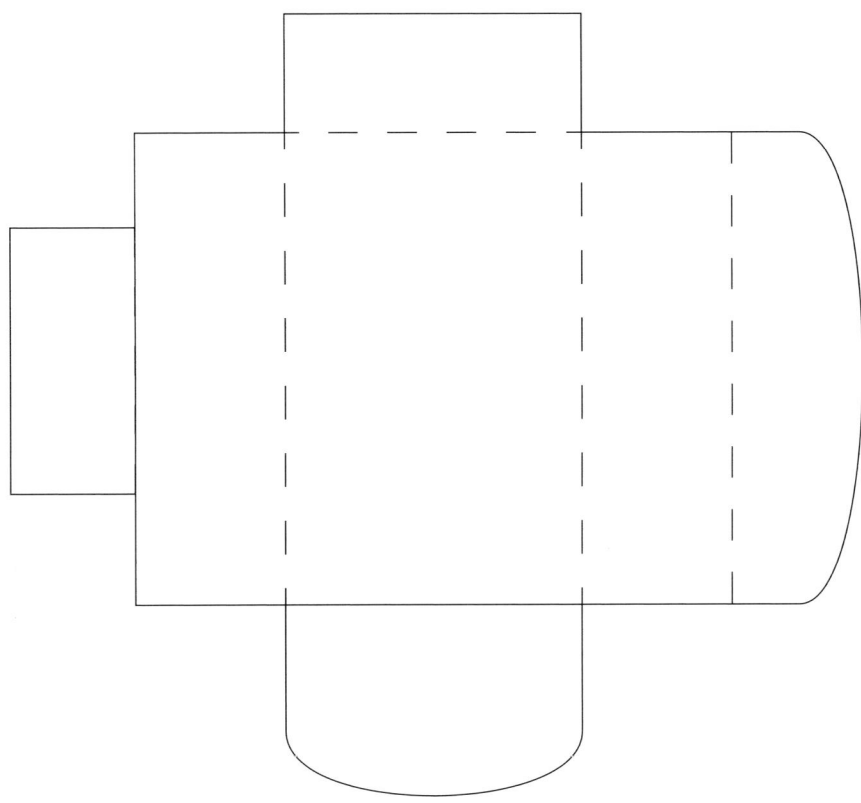

80 PowerPoint (Basics)

Zeitbedarf ➲	ca. 4–5 Unterrichtsstunden
Jahrgangsstufe ➲	ab Ende 3. Klasse
Fächer ➲	alle
Sozialform ➲	PA, GA

※ Ziel

Die Schüler sollen mithilfe des Programmes PowerPoint eine Präsentation erstellen.

Material/Vorbereitung

Computer, Microsoft® Office PowerPoint oder Open Office Impress, Beamer und Leinwand oder Whiteboard

So geht's

Eine PowerPoint-Präsentation ist eine tolle Sache – man kann innerhalb kürzester Zeit Folien mit Text, Grafiken, Animationen und sogar Audio- bzw. Videodateien erstellen.

Zuerst müssen die Kinder ein Thema finden, das sie mithilfe von PowerPoint vorstellen möchten (→ siehe Idee 81). Dazu müssen sie sich den Aufbau ihrer Präsentation überlegen. Dies sollten die Kinder vorab grob skizzieren. Nachdem sie wissen, was sie präsentieren möchten, müssen sie sich das „Wie" überlegen. Welche Hintergründe nehmen wir, sollen Animationen verwendet werden, sollen Töne verwendet werden? Bei PowerPoint sind der Fantasie nur sehr wenige Grenzen gesetzt. Experimentieren Sie gemeinsam mit der Klasse an einer PowerPoint-Präsentation.

Anbei eine kleine Anleitung, bezogen auf „Microsoft® Office PowerPoint 2007". Nach dem Starten des Programms können die Kinder zuerst unter dem Reiter „Entwurf" das Design auswählen.

Im Standardlayout von PowerPoint sind bereits zwei Felder vorgegeben, welche man jedoch mit der rechten Maustaste im freien Bereich der Folie unter „Layout" beliebig ändern kann.

Diese Felder können natürlich auch gelöscht werden. Die Kinder können die Folie unter dem Reiter „Einfügen" frei füllen. Unter diesem Reiter können Textfelder, Grafiken und vieles mehr eingefügt werden.

Sobald die erste Folie gestaltet wurde, kann unter dem Reiter „Start" oder Klick mit der rechten Maustaste in den Rand auf der linken Seite eine neue Folie erzeugt werden.

Ab der zweiten Folie ändert sich das Layout der Folie, hier ist jetzt ein Textfeld für Überschriften und ein frei wählbares Feld sichtbar, in dem die verschiedenen Medienarten als klickbare Piktogramme angezeigt werden.

Ab der zweiten Folie können die Kinder nun auch weitere Reiter nutzen:

- Reiter „Animation"
  Hier können die einzelnen Inhalte der verschiedenen Folien in eine Reihenfolge gebracht werden. Die verschiedenen Inhalte kann man nun in die Folie „hüpfen" lassen usw.
- Reiter „Bildschirmpräsentation"
  Hier kann man sich seine Arbeit schon einmal vorführen lassen.

- Reiter „Überprüfen"
  Hier kann die Rechtschreibung und anderes überprüft werden.
- Reiter „Ansicht"
  Hier kann die Bildschirmansicht der Folien geändert werden.

ʞ⁺ Tipps

Sollten Sie zum ersten Mal mit PowerPoint arbeiten, bietet es sich auf jeden Fall an, dass Sie sich mit den Kindern eines der diversen PowerPoint (Impress) Schulungsvideos im Internet ansehen (siehe Linktipps). In diesen wird kurz gezeigt, wie man eine Präsentation erstellt. So erhält man schnell eine kurze Auffrischung bzw. einen Überblick über die Bearbeitungsmöglichkeiten. Achten Sie dabei darauf, dass sich das Schulungsvideo auf die PowerPoint-Version Ihres Computers bezieht.

81 PowerPoint (Beispiel)

Zeitbedarf ➲	ca. 6–8 Unterrichtsstunden
Jahrgangsstufe ➲	ab 3. Klasse
Fächer ➲	alle
Sozialform ➲	GA

❋ Ziel

Die Schüler sollen nach gründlicher Recherche zu einem Thema eine PowerPoint-Präsentation gestalten.

✂ Material/Vorbereitung

Informationsmaterial (Lexika, Internet, Bücher etc.), Computer, Beamer und Leinwand oder Whiteboard

❀ So geht's

Teilen Sie Ihren Schülern mit, dass sie selbstständig eine PowerPoint-Präsentation gestalten dürfen. Angenommen, Sie haben im Unterricht das Thema

„Deutschland" behandelt, so könnten die Kinder in Gruppen für ein Bundesland eine PowerPoint-Präsentation erarbeiten.

Bevor die Arbeit am PC losgehen kann, sollten sich die einzelnen Gruppen in einem Brainstorming (→ siehe Idee 2) überlegen, welche Informationen sie in ihrer Bundesland-Präsentation zeigen möchten, z. B. allgemeine Informationen (Landeshauptstadt, Fläche, Einwohner, Wappen), Geografie (Berge, Seen, Flüsse), evtl. Geschichte, Verkehr und natürlich Sehenswürdigkeiten. Anschließend recherchieren die Gruppen genauer im Internet, im Lexika, Büchern oder befragen ihre Eltern.

In einer weiteren Stunde können Sie den Kindern eine kurze Einführung (bestenfalls mithilfe eines interaktiven Whiteboards oder über den Computer und Beamer) in das Programm geben. Lassen Sie die Schüler ruhig eine Stunde lang die einzelnen Funktionen des Programmes ausprobieren. Nachdem die Gruppen Informationen über ihr Bundesland gesammelt haben, können sie ihre Präsentation gestalten.

Abschließend dürfen alle Gruppen ihre Präsentation per Beamer oder Whiteboard vorstellen, die sie im Plenum auch reflektieren sollten.

⚙ Tipps

Erklären Sie Ihren Schülern nicht alle Funktion des Präsentationsprogrammes. Auf diese Weise werden die Kinder zum selbstständigen Experimentieren mit PowerPoint animiert.

82 Portfolio

Zeitbedarf ➲	mind. 1 Woche
Jahrgangsstufe ➲	ab 1. Klasse
Fächer ➲	Sachunterricht, Deutsch, Mathe
Sozialform ➲	EA

❄ Ziel

Die Kinder sollen die schönsten Werke (ca. 10), die sie zu einem bestimmten Thema angefertigt haben, auswählen und zu einer Mappe binden oder in einer Kiste sammeln (Schatzmappe, Schatzkiste).

✂ Material/Vorbereitung

abhängig vom Thema und der Art des Portfolios (Kiste, Schnellhefter, DIN-A4-oder DIN-A3-Mappe), Schere, Kleber, bunte Stifte, Ablagekörbe für die möglichen Aufgaben

⚙ So geht's

Ganz allgemein kann man sagen: „Ein Portfolio ist die Zusammenstellung von Dokumenten und ‚Lernbeweisen', die die individuelle Lernentwicklung und den gegenwärtigen Leistungsstand eine Kindes widerspiegeln. Es ist die Biografie des Lernens." (K. Raker, W. Stascheit: „Was ist Portfolioarbeit?"; Mülheim, 2007, S. 9)

Sobald man ein geeignetes Thema gefunden hat, kann mit den Vorbereitungen aufseiten der Lehrkraft gestartet werden. Z. B. ein Portfolio zu einer Lektüre, welche in der Klasse gelesen wird. Den Kindern werden verschiedene Aufgaben zu diesem Thema angeboten, die sie teils als Pflichtaufgaben, teils als freiwillige Aufgaben bearbeiten sollen (es ist auch möglich, keinerlei Pflichtaufgaben festzulegen). Bei den Aufgaben ist darauf zu achten, dass sie aus verschiedenen Bereichen kommen, beispielsweise Aufgaben zum Lesen, Aufgaben, bei denen geschrieben wird, geknobelt, gebastelt und auch selbst ausprobiert werden kann. Die Kinder sollten auch die Möglichkeit bekommen, sich selbst Aufgaben auszudenken und eigene Werke zum gestellten Thema anzufertigen. Sobald sich die Kinder genug mit dem Thema beschäftigt haben, kann es mit dem Auswählen losgehen. Welche Werke sind mir besonders gelungen? Bei welchen Aufgaben habe ich mir besonders viel Mühe gegeben? Was ist wichtig für meine Mappe? Was gefällt den Mitschülern gut? Die Kinder sollten ausreichend Zeit bekommen, sich für ihre besten Werke zu entscheiden. Lassen Sie sich ihre Entscheidungen ruhig erklären. Sobald die Wahl feststeht, kann die Kiste gepackt oder die Mappe gebunden werden.

⚘ Tipps

Den Kindern sollten ausreichend Aufgaben zur Bearbeitung aus den verschiedensten Bereichen zur Verfügung gestellt werden, damit für alle etwas dabei ist, bei dem sie zeigen können, dass sie es besonders gut können. Sofern Sie die

Möglichkeit haben, Fotos oder auch kleine Filme aufzunehmen, sollten Sie auch diesen Bereich mit aufnehmen und kleine Rollenspiele o. Ä. aufzeichnen. Hier zeigen sich oftmals ganz versteckte Talente.

Besprechen Sie zu Beginn mit den Kindern, was das Ziel dieser Arbeit ist – nämlich eine Mappe oder Kiste mit wahren Schätzen anzulegen, die zeigen, was die Kinder wirklich können. Klären Sie auch im Vorfeld, was unter einem Portfolio zu verstehen ist.

Das Portfolio ist insbesondere für die Fächer Deutsch und Sachunterricht geeignet, aber auch in allen anderen Fächern einsetzbar.

83 Interview/Expertenbefragung

Zeitbedarf ➲ ab 3 Unterrichtsstunden
Jahrgangsstufe ➲ ab 2. Klasse
Fächer ➲ Sachunterricht
Sozialform ➲ GA, Klassenstärke

❋ Ziel

Die Schüler informieren sich nicht über Medien, sondern direkt bei Fachleuten und erhalten damit fachkundige Informationen.

✂ Material/Vorbereitung

Experte, vorbereiteter Fragenkatalog, Frageblätter, evtl. Kamera bzw. Kassettenrekorder

✵ So geht's

Zunächst ist eine rechtzeitige Terminplanung erforderlich, insbesondere dann, wenn der Experte beispielsweise berufstätig ist oder anderen Verpflichtungen nachgehen muss. Auch die Schulleitung sollten Sie vom Besuch des Experten informieren. Oftmals können sich Stundenplan- und/oder Raumänderungen ergeben. Weiterhin sollten Sie den Experten über die momentane Klassensituation und auch Ihren Unterricht in Kenntnis setzen. Ist dem Experten der Unterrichtszusammenhang bekannt, kann er sich besser darauf vorbereiten

und einschätzen, welche Sachverhalte er ansprechen bzw. detaillierter ausführen kann. Klären Sie gemeinsam mit dem Experten neben den Lernzielen und dem geplanten Zeitrahmen auch, ob ein Mitschnitt (Kamera) erlaubt ist.
Die Vorbereitung Ihrer Schüler bildet die Hauptarbeit. Es kommt häufig vor, dass Kinder auf den Besuch einer fremden Person im Unterricht zunächst etwas verhalten bzw. schüchtern reagieren.
Erzählen Sie Ihren Schülern auf jeden Fall vorab von dem Besuch und bereiten Sie mit ihnen gemeinsam einen Fragebogen (→ siehe Idee 53) vor. Somit vermeidet man eine gewisse „Sprachlosigkeit" oder ein „zähes Vorwärtskommen".
Die Fragen an den Experten können auf unterschiedlichste Weise vorbereitet werden. Sie können im Plenum erarbeitet und gesammelt werden, in Gruppenarbeit oder aber auch als Hausaufgabe. Achten Sie, wenn möglich, darauf, dass die erarbeiteten Fragen insbesondere auf Bereiche zielen, die die Schüler nicht einfach im Schulbuch nachschlagen können. Überlegen Sie zudem gemeinsam, wie die Befragungsergebnisse notiert werden. Sollen nur einzelne Schüler die Ergebnisse protokollieren oder sollen sich alle Schüler für die abschließende Reflexion und Nachbereitung Notizen machen. Sprechen Sie auch über eine mögliche Kleinigkeit als „Dankeschön" für den Experten.
Am Tag der Expertenbefragung begrüßen Sie kurz den Experten, der sich anschließend am besten selbst vorstellt. Danach treten Sie eher in den Hintergrund. Eingreifen müssen Sie lediglich, falls Sie eine „Gefährdung" der Expertenbefragung sehen, z. B. durch Disziplinlosigkeit der Schüler. Vor der Befragung sollten Ihre Schüler dem Experten noch kurz erläutern, welche Kenntnisse sie bisher bereits gewonnen haben.
In der nächsten Stunde sollten Sie die Expertenbefragung gemeinsam mit Ihren Schülern nochmals Revue passieren lassen und reflektieren. Welche Informationen haben wir neu erhalten? Was habe ich noch nicht gewusst? Was hat mich besonders interessiert? Die Frageblätter bzw. Antworten können Sie als abschließende Zusammenfassung zu einem Buch binden, das als zusätzliche Sicherung der Befragung dienen kann.

✂ Tipps

Verteilen Sie die vorbereitenden Fragekarten an alle Schüler. Auf diese Weise ist gewährleistet, dass nicht immer nur dieselben Schüler Fragen an den Experten stellen. Lassen Sie die Kinder Namenskärtchen vorbereiten, dies erleichtert dem Experten den Umgang mit Ihren Schülern bzw. schafft eine lockerere Atmosphäre. Der Experte sollte langsam und altersgemäß sprechen. Gerade in den unteren Jahrgangsstufen empfiehlt es sich, Gegenstände bzw. Lebewesen (z. B. beim Thema „Haustiere") mitzubringen. Insbesondere jüngere Kinder lernen auf diese Weise mit allen Sinnen.

Als Experten eignen sich beispielsweise der Bürgermeister (Thema „Gemeinde"), der Rektor, Vertreter (z. B. Eltern) unterschiedlichster Berufsgruppen (z. B. Feuerwehrmann, Ärzte, Augenoptiker, Förster, Werbefachmann, Elektriker etc.).

84 Bücherkiste

Zeitbedarf ➲	ab 4 Unterrichtsstunden
Jahrgangsstufe ➲	Ende 1. Klasse bis 4. Klasse
Fächer ➲	Deutsch, Sachunterricht
Sozialform ➲	EA, PA

☀ Ziel

Die Kinder sollen mithilfe der Bücherkiste ein selbst ausgewähltes Buch präsentieren.

✂ Material/Vorbereitung

Buch, (Schuh-)Karton, diverses Schmuck-, Bastel-, Deko-Material passend zum Buch (→ siehe „So geht's"), Präsentationstisch

⚙ So geht's

Jedes Kind wählt sich ein Buch aus, das es präsentieren möchte. Während das Buch gelesen wird, sammeln die Kinder bereits verschiedenste Materialien, die sie zur Gestaltung ihrer Bücherkiste benötigen können. Sie überlegen sich beispielsweise,

- wodurch sie die Hauptfiguren und wichtige Nebenfiguren der Geschichte darstellen (z. B. Playmobil®-, Lego®-Figuren, Figuren aus Überraschungseiern, selbst zeichnen, Figuren kneten …),

- welche wichtige(n) Szene(n) sie in ihrer Bücherkiste zeigen wollen und
- was man dafür alles brauchen kann.

Nachdem die Schüler das Buch gelesen haben, legen die Kinder los und basteln ihre Bücherkiste passend zum ausgewählten Buch, welches sie ihren Klassenkameraden anschließend präsentieren werden.

Zunächst gestalten die Kinder den Hintergrund sowie die Seitenwände, Decke und Boden der Bücherkiste. Sie haben die Möglichkeit, mit Pinsel und Farben, Tonpapier, Bildern (z. B. aus Zeitschriften und Katalogen) und diversen Naturmaterialien (z. B. Steine, Äste, Blätter) die Wände zu schmücken und der Szene anzupassen, die sie darstellen wollen. Der Himmel lässt sich der Tageszeit und dem Wetter anpassen. Wolken, Sonne, Mond und Sterne können beispielsweise mit dünnem Nylonfaden auch von der Decke hängen. Dasselbe gilt für den Hintergrund. Hier können Bäume, Sträucher, Seen ... aufgemalt werden oder mithilfe von gebastelten Gegenständen oder auch konkretem Material in der Bücherkiste aufgestellt werden.

Abschließend richten sie die Kiste mit ihren gesammelten Materialien ein.

Je nach Wunsch kann auch die Außenseite des (Schuh-)Kartons mitgestaltet werden.

☆ Tipps

Bevor die Kinder selbst eine Bücherkiste gestalten, ist es sicherlich hilfreich, wenn die Lehrkraft dieses Vorhaben damit beginnt, den Kindern ihre persönliche Bücherkiste (z. B. zu einem Bilderbuch, das die Kinder bereits kennen oder anschließend lesen können) präsentiert. In diesem Zusammenhang lassen sich Kriterien, die der Lehrkraft bei der Gestaltung der Bücherkiste wichtig sind, gemeinsam besprechen. Diese bieten wiederum die Möglichkeit, die Bücherkiste anhand der zu Beginn erarbeiteten Kriterien zu besprechen und gegebenenfalls zu bewerten (nicht zwingend notwendig!).

Es lässt sich bereits Ende der 1. Jahrgangsstufe mit einer Bücherkiste zu einem Bilderbuch beginnen. In den höheren Jahrgangsstufen können auch Romane oder Sachbücher (entsprechend der Sachunterrichts-Themen) gestaltet und präsentiert werden.

Sollte die Seitenwand, die als Boden dient, nicht ausreichen, besteht noch die Möglichkeit, den Deckel des (Schuh-)Kartons als Erweiterung des Bodens zu nutzen.

Stellen Sie die Bücherkisten doch an einem Elternsprechtag aus.

85 Bilderbuch-Kino

Zeitbedarf ➲	ab 5 Unterrichtsstunden
Jahrgangsstufe ➲	2.– 4. Klasse
Fächer ➲	Deutsch
Sozialform ➲	PA, GA

⋇ Ziel

Die Kinder bekommen zunächst von Ihnen den Beginn eines Bilderbuches präsentiert, indem Sie es vorlesen und die Bilder dazu in groß z. B. über einen Beamer und Leinwand darstellen. Nun sollen die Kinder sich das Ende der Geschichte überlegen und dies präsentieren.

✂ Material/Vorbereitung

Bilderbuch, PC, Beamer und Leinwand oder Whiteboard, Drucker, Papier, Stifte, Auswahl an Bilderbüchern
Scannen Sie, wenn möglich, die Bilder der Geschichten ein, sodass Sie diese auf einer großen Leinwand über Beamer oder auf einem Whiteboard präsentieren können.

⚙ So geht's

Zum Einstieg lesen Sie den Kindern den Beginn einer auserwählten Geschichte vor oder erzählen den Handlungsverlauf in eigenen Worten nach. Dazu zeigen Sie der Klasse parallel die entsprechenden Bilder, z. B. mit einem Beamer über eine Leinwand oder auf dem Whiteboard.
Lassen Sie die Kinder spekulieren, wie die Geschichte weitergehen könnte. Dazu sollen die Schüler in Kleingruppen einen eigenen Schluss oder sogar weitere kleine Szenen formulieren.
Die eigenen Texte könnten auch am PC geschrieben werden. Auf diese Weise lassen sich Passagen besser überarbeiten oder Fehler schneller korrigieren.
Nachdem die einzelnen Gruppen ihre Texte verfasst haben, sollen sie an ihrem Vortrag arbeiten, d. h. die Rollenverteilung besprechen, das laute, deutliche und betonte Sprechen üben und überlegen, wie sie ihren eigenen Schluss darstellen (z. B. den Vortrag mit dem Bilderbuch-Kino begleiten oder sogar in Form eines kleinen szenischen Spiels).
Nun dürfen die Schüler ihre Geschichten präsentieren, die im Forum besprochen und auch honoriert werden sollten. Abschließend könnten Sie als Lehr-

kraft natürlich das „richtige" Ende des Bilderbuches, mit Unterstützung des Bilderbuch-Kinos, vortragen.

In höheren Jahrgangsstufen bietet es sich auch an, in Kleingruppen ein eigenes Bilderbuch-Kino anfertigen zu lassen. Dabei suchen sich die Gruppen ein geeignetes Buch aus, verfassen zu jeder Szene kurze Texte und malen zu den jeweiligen Szenen ihre Bilder. Bei dieser Form lernen die Kinder zudem, sich untereinander zu organisieren bzw. abzusprechen, wer welchen Arbeitsauftrag erhält und diesen erledigt. Bei den abschließenden Präsentationen können Sie z. B. die Patenklasse, die Parallelklasse oder aber auch die Eltern einladen.

🕹 Tipps

Scannen Sie die Bilder ein und zeigen Sie diese über den Beamer an einer Leinwand. Kinder sind fasziniert von großflächigen Präsentationen. Um richtiges „Kino-Flair" bei Ihren Schülern zu erreichen, bitten Sie diese, sich in den Kinositz zu setzen, d. h. in einem Halbkreis.

Lassen Sie die Kinder ihren Vortrag in ein Mikrofon sprechen. Sie werden sehen, wie die Kinder darauf achten werden, ihren Vortrag besonders gut zu betonen.

Das Bilderbuch-Kino können Sie auf vielfältigste Weise in Ihrem Unterricht einsetzen: Sie können beim Vortrag die Bilder präsentieren oder Sie zeigen lediglich die Bilder und Ihre Schüler überlegen sich den Handlungsverlauf selbst.

Sie können auch nur einen gewissen Teil der Bilderbuchgeschichte präsentieren und die Kinder finden einen Schluss. Als Projekt können Kleingruppen natürlich auch ihr eigenes Bilderbuch-Kino herstellen. Hier stehen Ihnen also vielerlei Umsetzungsmöglichkeiten offen.

Bei dieser Idee lassen sich gleich mehrere Lernbereiche des Faches Deutsch kombinieren: die Bereiche Texte verfassen, Sprechen und Zuhören sowie Lesen (mit Texten umgehen).

86 Daumenkino

Zeitbedarf ➲ ca. 30–45 Minuten (je nach Aufwand der Daumenkinos)
Jahrgangsstufe ➲ ab 1. Klasse
Fächer ➲ in allen Fächern einsetzbar
Sozialform ➲ EA, PA

⁂ Ziel

Die Schüler sollen verstehen, wie sich Bilder im Fernsehen bewegen, und selbst ein Daumenkino anfertigen.

✂ Material/Vorbereitung

stärkeres Papier (z. B. Tonpapier), Schere, Stifte, Kleber, evtl. Computer

⚙ So geht's

Ein Daumenkino ist eine fortlaufende Abfolge von Einzelbildern. Durch das schnelle Blättern mit dem Daumen entsteht im Gehirn die Illusion einer lückenlosen Bewegung. Mithilfe eines Daumenkinos können Sie Ihrer Klasse gut verdeutlichen, wie sich Bilder im Fernsehen bewegen. Lassen Sie Ihre Schüler zum besseren Verständnis doch ein eigenes Daumenkino anfertigen.

Bevor sich die Kinder ans Werk machen, können Sie vorher ein von Ihnen vorbereitetes Daumenkino fertigstellen lassen. Drucken Sie dazu die Seite eines schon fertigen Daumenkinos mit den einzelnen Bildern aus, Vorlagen dazu finden Sie im Internet, z. B. unter www.daumenkino-freunde.de oder http://daumenkinos.basteln-mit-papier.de. Nun müssen die Kinder die einzelnen Seiten ganz genau ausschneiden. Anschließend werden die Blätter in der richtigen Reihenfolge genau aufeinandergelegt. Auf der linken Seite werden die einzelnen Bilder schließlich zusammengeklebt, getackert oder geheftet. Und schon können die Kinder ihren „Film" ablaufen lassen, indem sie ihr Kino zwischen Daumen und Zeigefinger durchblättern.

Im Anschluss daran können die Kinder ihre eigene Geschichte malen bzw. schreiben und ihr persönliches Daumenkino entwickeln.

⚘ Tipps

In höheren Jahrgangsstufen können Sie sogar ein digitales Daumenkino erstellen lassen. Dazu können die Schüler in einem Malprogramm (z. B. Paint) ein Bild malen und dieses Bild anschließend in ein Präsentationsprogramm (z. B. PowerPoint oder Open Office) einfügen. Nun ändert man an dem Ausgangsbild ein Detail und fügt dieses auf der zweiten Folie ein. Dies wiederholen die Kinder, bis ihr Daumenkino abgeschlossen ist. Abschließend können sich die Kinder ihr digitales Daumenkino im Präsentationsmodus des Programms ansehen. Auch im Sportunterricht eignen sich Daumenkinos hervorragend, um den Schülern verschiedene Bewegungsgrundformen nahezubringen (z. B. Rolle vorwärts, Brustschwimmen etc.).

87 Texte mit Stabpuppen präsentieren

Zeitbedarf ➲ ca. 2–3 Unterrichtsstunden
Jahrgangsstufe ➲ ab 1. Klasse
Fächer ➲ Deutsch
Sozialform ➲ GA, Klassenstärke

❋ Ziel

Die Schüler sollen einen Erzähltext mithilfe von selbst gebastelten Stabpuppen präsentieren.

✂ Material/Vorbereitung

Erzähltext, Material für die Stabpuppen (siehe unter „Tipps") , Puppen, Stofftiere, Vorhang, 2 Kartenständer, Schnur

⚙ So geht's

Nachdem Sie gemeinsam mit Ihrer Klasse einen Text oder eine Lektüre gelesen haben, können Sie diese als kleines szenisches Spiel mit Stabpuppen nachspielen lassen. In unteren Jahrgangsstufen sind dafür zunächst kurze Lesetexte in reiner Dialogform geeignet. Verteilen Sie die „Rollen" und die Kinder können ihren Part einüben. Sie werden sehen, mit wie viel Spaß Ihre Schüler an die Sache gehen und dabei auch ihre sprachlichen Ausdrucksfähigkeiten schulen können. Sie können natürlich auch kurze Geschichtenanfänge vorgeben, die die Kinder selbst zu individuellen kleinen Theaterstücken gestalten können.

In höheren Jahrgangsstufen können Sie beispielsweise auch ein Kapitel der gelesenen Klassenlektüre nachspielen lassen. Teilen Sie dazu die Schüler in Gruppen ein. Jede Gruppe ist für ein Kapitel verantwortlich und schreibt dafür ein kleines Drehbuch. Denken Sie daran, die kleinen Puppenspiele zu filmen.

☼ Tipps

Stabpuppen können Sie relativ schnell und günstig aus Kochlöffeln oder Tüchern herstellen. Die Kinder können auf die Kochlöffel Gesichter malen und beispielsweise mit Filz- oder Wollresten Haare gestalten. Zum Schluss wird noch ein Tuch um den Kochlöffel gebunden und fertig ist die Stabpuppe.

Für Tücher-Stabpuppen brauchen Sie eine nähbegeisterte Mutter, die Ihnen einige Stücke Stoff als „Röhre" zusammennäht. Für den Kopf der Tücher-Stabpuppe können die Kinder ein Stück Watte in ein rechteckiges Tuchstück legen, die sie mit einer Schnur zubinden (nur so fest, dass der Zeigefinger noch durchkommt). Anschließend können die Kinder ihre Stabpuppe beliebig gestalten und das genähte „Kleid" anziehen.

Ist Ihnen der Aufwand zu groß, Stabpuppen zu basteln, können Sie natürlich auch auf Handpuppen, Puppen bzw. Stofftiere zurückgreifen.

Eine Bühne lässt sich leicht aus zwei Kartenständern, zwei Schnüren und einem Vorhang bauen. Stellen Sie die beiden Kartenständer in ca. 5 Metern Abstand auf. Spannen Sie oben in die Kartenständer eine Schnur, an der Sie den Vorhang zum Zuziehen befestigen können. In der Mitte der Kartenständer spannen Sie eine zweite Schnur, an der der Stoff befestigt wird. Hinter diesem Vorhang agieren die kleinen Schauspieler. Auch die Tafel kann für die Erzählbühne genutzt werden, indem die Kinder ein Hintergrundbild zeichnen.

88 Pflanzen-Bestimmungsbuch (Herbarium)

Zeitbedarf ➲ ca. 3 – 4 Unterrichtsstunden
Jahrgangsstufe ➲ ab 1. Klasse
Fächer ➲ Sachunterricht
Sozialform ➲ EA, PA, GA

☀ Ziel

Die Schüler sollen ein persönliches Herbarium anlegen und somit ihren Wissensstand dokumentieren.

✂ Material/Vorbereitung

Machen Sie doch einen Unterrichtsgang zu einer nahe gelegenen Wiese oder in den Wald, damit die Schüler Blätter bzw. Pflanzen sammeln können. Weisen

Sie die Kinder darauf hin, dass sie nur frische Blätter bzw. Blumen sammeln sollen, keine beschädigten oder bereits braunen Blätter. Im Vorfeld sollten Sie auch darauf eingehen, dass keine artengeschützten Pflanzen gepflückt werden dürfen.

Blätter, Pinsel, Tücher, Lösch- oder Küchenpapier, Bestimmungsbücher, Lexika, Internet, dicke Bücher zum Pressen, bestenfalls Pflanzenpresse, Papier, Stifte, Klebefilm, Mappe

☆ So geht's

Ein Herbarium ist eine Sammlung getrockneter sowie gepresster Blätter bzw. auch Blumen.

Nachdem Sie mit der Klasse die Blätter gesammelt haben, sollten diese zunächst gereinigt werden. Am besten geht dies mit einem Tuch oder einem Haarpinsel. Gröber verschmutzte Blätter können durchaus auch vorsichtig mit Wasser gereinigt werden, müssen jedoch abgetrocknet werden. Anschließend sollten die Schüler ihre gesammelten Blätter zwischen Lösch- oder Küchenpapier legen und die Blätter beispielsweise in ein dickes Buch zum Pressen legen. Da die Pflanzen immer noch Feuchtigkeit abgeben, sollte nach einem Tag nochmals das Papier gewechselt werden.

Wenn die Blätter richtig trocken gepresst sind, kann man mit der Gestaltung des eigentlichen Herbariums beginnen. Pro DIN-A4-Seite sollte ein Blatt bzw. eine Blume präsentiert werden. Erfahrungsgemäß reißen die Blätter schnell, wenn die Kinder versuchen, diese mit Klebestift zu befestigen. Aus diesem Grund empfehlen wir Ihnen, durchsichtige Klebestreifen zu verwenden, mit denen die Kinder die Pflanzen vorsichtig auf das Blatt kleben. Bei Blättern sollten die Schüler stets ein Blatt mit der Vorderseite und eines mit der Rückseite aufkleben.

Anschließend sollten die Schüler die Beschriftung, je nach Jahrgangsstufe, vornehmen. Dazu dienen in erster Linie Bestimmungsbücher oder Lexika als Hilfestellung. In der 1. Klasse reicht es vollkommen aus, wenn die Schüler nur z. B. den Namen des Laubbaumes oder der Wiesenpflanze notieren.

Ab der 2. Jahrgangsstufe dürfen bzw. sollten schon mehrere Informationen erwähnt werden, d. h. die Pflanze sollte näher beschrieben werden (z. B. Blattform, Blattrand etc.). Die Schüler sollten ihre Bestimmungsblätter schließlich in einer Mappe sammeln.

☆ Tipps

Es sollten immer mehrere Blätter bzw. Pflanzen einer Art gesammelt werden. Oftmals finden andere Schüler nichts, so kann evtl. getauscht werden.

Sollten Sie für das Herbarium nicht so viel Zeit einplanen wollen, können die Kinder als vorbereitende Hausaufgabe die Blätter sammeln und bereits gepresst mit in den Unterricht bringen.

89 Kartei (z. B. Hecken-Kartei)

Zeitbedarf ➲	ca. 1 Unterrichtsstunde
Jahrgangsstufe ➲	ab Ende 1. Klasse
Fächer ➲	Sachunterricht
Sozialform ➲	EA → Gemeinschaftswerk

⁑ Ziel

Die Schüler sollen zu einem bestimmten Thema eine kleine Kartei anlegen, in der wichtige Informationen zu diesem Thema zu finden sind.

✂ Material/Vorbereitung

Karten (DIN A5 oder DIN A6), Blumen, Blätter, Bilder, Bestimmungsbücher, Lexika, Informationstexte, Stifte

⚙ So geht's

Überlegen Sie sich, zu welchem Thema Sie gemeinsam mit den Kindern eine Kartei anlegen wollen. Besonders Themen des Sachunterrichts eignen sich, um kleine Karteien anzulegen. Denken Sie nur an die Themen Hecke, Wald, Wiese, See, fremde Länder …
Nachdem die Kinder sich bereits ein wenig mit dem Thema vertraut gemacht haben, können sie mit dem Erstellen der Kartei beginnen. Jedes Kind fertigt eine Karte dafür an. Schnelle Kinder dürfen selbstverständlich auch mehrere Karten anfertigen. Sammeln Sie mit den Kindern Ideen, wofür man alles eine eigene Karte anfertigen kann. Zum Thema Hecke gäbe es beispielsweise je eine Karte für die Spinne, den Igel, den Marienkäfer, die Heckenrose, die Hagebutte, den Holunder, die Schlehe, den Schneeball, die Schichten der Hecke, Bedeutung der Hecke, von der Blüte zur Frucht (Hagebutte), Rezepte etc.

Nun erhält jedes Kind eine Karte, welche es z. B. mit einem der „Heckenthemen" befüllen soll. Wichtig ist, dass man schnell erkennt, worum es bei der Karte geht. Hierfür gestalten die Schüler eine Seite mit einem Bild oder einer getrockneten Blüte und einem getrockneten Blatt des entsprechenden Strauches sowie dem Titel der Karte.

Auf die Rückseite kommen alle wichtigen Informationen. Diese Informationen lesen sich die Schüler mithilfe kurzer Texte, Lexika, Zeitschriften (z. B. Flohkiste) an und notieren alles Wesentliche auf ihrer Karte. Hier ist es besonders wichtig, dass die Schüler auf eine ordentliche Schrift achten, damit die Mitschüler die Karten auch lesen können. Am Ende können die Schüler ihre Karte kurz vorstellen und in den Karteikasten legen.

⚡ Tipps

Heben Sie die Kartei auf, sie lässt sich sicher gut in Ihre Freiarbeitsecke integrieren. Lassen Sie doch schnelle Schüler einen Karteikasten passend zum Thema gestalten.

90 Liniendiagramm „Wetter"

Zeitbedarf ➲ mind. 1 Woche
Jahrgangsstufe ➲ ab 3. Klasse
Fächer ➲ Sachunterricht
Sozialform ➲ GA

❄ Ziel

Die Schüler sollen ihre Wetterbeobachtungen mithilfe eines Liniendiagramms präsentieren.

✂ Material/Vorbereitung

Arbeit mit Tabellen, Papier oder Vorlage zur Aufzeichnung des Wetters, Raster für das Liniendiagramm

⚙ So geht's

Zeigen Sie den Schülern ein Liniendiagramm aus dem Bereich Wetter und lassen Sie daraus Informationen entnehmen. Sie werden sehen, dass sich die

Schüler zunächst vielleicht noch etwas schwertun, aber immer mehr Informationen daraus ziehen können.

Teilen Sie nun die Schüler in Kleingruppen ein. Je zwei Gruppen erhalten den gleichen Beobachtungsauftrag. So erhalten Sie immer eine Kontrollgruppe. Legen Sie zunächst den Beobachtungszeitraum fest. Geeignet sind eine oder maximal zwei Wochen. Verteilen Sie nun die Beobachtungsaufträge an die Gruppen. Eine Gruppe bekommt den Auftrag, die maximale Temperatur zu beobachten und zu notieren, eine andere beispielsweise die minimale Temperatur. Eine weitere Gruppe soll sich mit dem Regenfall, eine andere mit dem Sonnenschein beschäftigen. Darüber hinaus gibt es auch eine Gruppe, die die Gesamtlage des Wetters beobachtet. Teilen Sie den Gruppen Blanko-Liniendiagramme aus, in denen sie ihre Beobachtungen eintragen sollen. Besprechen Sie mit den Kindern, wie und wann sie ihre Beobachtungen eintragen sollen. Die Wochentage stehen auf der unteren Achse, Regenfall, Sonne, Temperaturen etc. auf der linken Achse. Bei Regenfall, Sonne, Gesamtwetter sollen sich die Kinder für eine Zahl von 0 bis 10 entscheiden. 0 bedeutet: „gab es an diesem Tag gar nicht", 10 bedeutet: „gab es an diesem Tag den gesamten Tag über". Bei dem entsprechenden Wert machen die Kinder einfach einen Punkt in ihrem Diagramm. Die Temperatur lässt sich ganz einfach bei der entsprechenden Zahl mit einem Punkt eintragen. Am Ende des Beobachtungszeitraumes können die Punkte mit dem Lineal verbunden werden. Die Gruppe kann nun ihre Aufzeichnungen der Klasse präsentieren.

⚒ Tipps

Ein sinnvoller Zeitpunkt, um sich in der Gruppe für einen entsprechenden Wetterbeobachtungspunkt im Liniendiagramm zu entscheiden, ist der Folgetag des Beobachtungstages, da so der gesamte Tag reflektiert werden kann. Geben Sie den Schülern doch jeden Morgen kurz Zeit, um sich darüber auszutauschen und sich für einen Eintrag zu entscheiden.

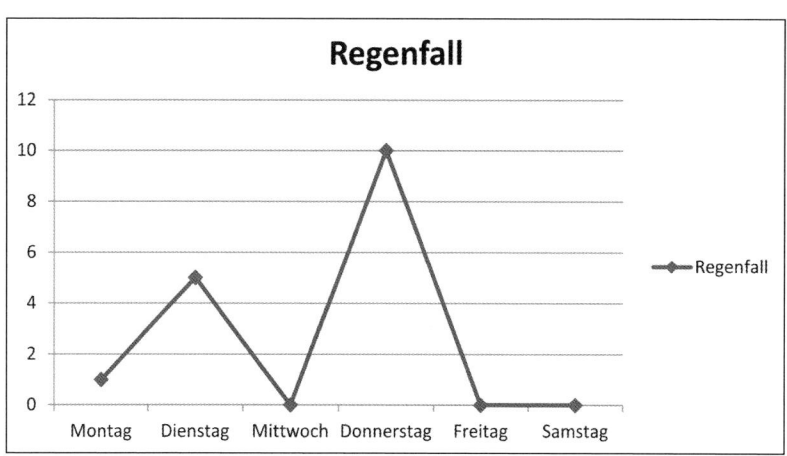

91 Experiment – Beispiel „Was brennt, was brennt nicht?"

Zeitbedarf ➲	ca. 45–90 Minuten
Jahrgangsstufe ➲	ab 3. Klasse
Fächer ➲	Sachunterricht
Sozialform ➲	PA, GA

 Ziel

Die Schüler sollen in einem Experiment die Brennbarkeit unterschiedlicher Materialien/Stoffe überprüfen und ihre Erkenntnisse verbalisieren können.

✂ Material/Vorbereitung

feuerfeste Unterlage, Teelicht, Streichholzschachtel, (Grill-)Zange, Eimer mit Wasser, Abfallbehälter für die getesteten Materialien, Box mit unterschiedlichsten Materialien (z. B. Nagel, Wolle, Alufolie, Stein, Glas, Büroklammer, Papier, trockenes Holz, nasses Holz, Gummi, Münze, Plastikfolie, Styropor, Magnet, Strohhalm etc.), ein vorbereitetes Arbeitsblatt mit einer Tabelle (S. 151) oder ein Heft, in welches die Kinder die Tabelle eintragen können

Bestenfalls sind alle Materialien bereits von Ihnen in mehreren Schuhkartons fertig zusammengestellt.

⚙ So geht's

Wichtig ist es, vor der Durchführung dieses Experimentes mit den Kindern die Sicherheitsregeln eingehend zu thematisieren und evtl. sogar einüben zu lassen (z. B. es sollte stets eine feuerfeste Unterlage verwendet werden, lange Haare müssen zusammengebunden werden, Kleidung sollte eng anliegen, es dürfen sich keine brennbaren Gegenstände in der Nähe befinden etc.).
Teilen Sie Ihre Schüler in Kleingruppen ein. Der jeweilige Gruppensprecher holt die Experimentier-Kiste (diese enthält sämtliche Materialien sowie das Arbeitsblatt oder ein Heft, leeres Blatt).
Die Kinder zünden das Teelicht auf der feuerfesten Unterlage an. Bevor es nun ans Experimentieren geht, müssen die Schüler vorab überlegen, ob die jeweiligen Materialien ihrer Meinung nach brennen oder nicht. Diese Vermutung tragen sie schließlich in ihre Tabelle (S. 151) ein.
Im Anschluss daran nehmen die Kinder ein Material mit der Zange auf und halten dieses kurz (!) in die Flamme. Aufgabe der Schüler ist es, ganz genau

zu beobachten, was geschieht. Die getestete Materialprobe wird zunächst auf die feuerfeste Unterlage gelegt um weitere Beobachtungen anzustellen. Und anschließend in den Wassereimer getaucht und in den Abfallbehälter gelegt. Erst jetzt werden die Beobachtungen eingetragen bzw. formuliert.

Material	Wir vermuten		Wir beobachten		Weitere Beobachtungen
	brennt	brennt nicht	brennt	brennt nicht	
nasses Holz					
...					

👯 Tipps

Achten Sie darauf, dass die Kinder die Materialprobe wirklich nur kurz in die Flamme halten!

92 Klassenzeitung erstellen

Zeitbedarf ➲ Projekt (ca. 8–10 Unterrichtsstunden)
Jahrgangsstufe ➲ ab 3. Klasse
Fächer ➲ Deutsch
Sozialform ➲ Klassenstärke

⁂ Ziel

Die Schüler planen, verfassen und überarbeiten selbstständig Beiträge und erstellen eine eigene Klassenzeitung.

✂ Material/Vorbereitung

Zeitungen, Zeitschriften, Lexika, Bücher, Papier, Stifte

⚙ So geht's

Vor Beginn sollten Sie gemeinsam mit Ihren Schülern das Thema „Zeitung" genauer unter die Lupe nehmen. Beauftragen Sie dazu die Kinder, verschiedene Zeitungen mitzubringen und diese in der Schule vorzustellen. Untersuchen Sie zusammen den Aufbau und die Inhalte der unterschiedlichen Zeitungen.

Im Anschluss daran sammeln die Kinder Themen für ihre Klassenzeitung mithilfe eines Clusters (→ siehe Idee 14).

Des Weiteren können sie sich bereits Namen für die Klassenzeitung überlegen, die Sie zunächst an der Tafel sammeln.

In der nächsten Stunde kann die Klasse über den Namen ihrer Zeitung abstimmen und sich bereits auf mögliche Rubriken einigen (z. B. Witze-Seite, Rätsel-Seite, Interviews, Rezepte, Geschichten, ein gemeinsames Klassen-Erlebnis, Sport-Seite, Interessantes aus der Stadt/dem Ort etc.).

Erstellen Sie, für den besseren Überblick, gemeinsam mit den Kindern einen Projektplan (Wer macht was?).

Bevor die redaktionelle Arbeit losgehen kann, gilt es noch, einige Regeln zu erarbeiten (z. B. deutlich und sauber schreiben, Absprache im Team etc.). In Kleingruppen legen die Schüler-Redakteure schließlich los, indem sie gemeinsam Ideen entwickeln, sich untereinander austauschen und diese schriftlich festhalten. Legen Sie Wert darauf, dass gegen Ende jeder Stunde eine kurze Redaktionssitzung im Plenum stattfindet, in der die bisherigen Ergebnisse vorgestellt und besprochen werden.

In den Folgestunden arbeiten die einzelnen Teams weiter an ihren Beiträgen, optimieren diese und entscheiden letztendlich, welche der Beiträge in der Klassenzeitung erscheinen sollen. Bringen Sie unterschiedliche Zeitschriften mit und betrachten gemeinsam mit Ihrer Klasse die Titelblätter. Mithilfe dieser Beispiel-Titelblätter erarbeiten die Schüler, wie sie ihr eigenes gestalten möchten. Nun kann beispielsweise jeder Schüler ein mögliches Titelblatt entwerfen.

In der Abschluss-Redaktionssitzung wird über das Titelblatt abgestimmt und auch über die Reihenfolge der Beiträge gesprochen. Es bleibt Ihnen überlassen, wie Sie Ihre Klassenzeitung herausgeben (z. B. im Schnellhefter, gebunden etc.). Sie werden sehen, wie stolz Ihre Schüler auf ihre Klassenzeitung sein werden.

Vergessen Sie nicht, die Kinder über ihre Arbeit an der Klassenzeitung abschließend reflektieren zu lassen (Das hat mir gut gefallen. Das hat super geklappt. Das hat nicht so gut geklappt etc.).

⚙ Tipps

Informieren Sie sich, oftmals stellen Verlage auf Anfrage kostenlos Tageszeitungen zur Verfügung.

Bieten Sie den Kindern ausreichend „Info-Material" an, z. B. Hefte und Bücher zu Witzen, Rätseln, Rezepten etc.

Damit die einzelnen Beiträge nicht verloren gehen, bietet es sich an, für jede Rubrik eine durchsichtige Mappe anzuschaffen (am besten direkt mit dem Namen der Rubrik versehen).

93 Fotodokumentation

Zeitbedarf ➲	je nach Aufwand der Fotodokumentation 1 – 4 Unterrichtsstunden
Jahrgangsstufe ➲	2. – 4. Klasse
Fächer ➲	Sachunterricht, Deutsch, Kunst
Sozialform ➲	EA, PA, GA

❄ Ziel

Die Schüler fotografieren Motive zu einem Thema und halten somit Eindrücke ihres Alltags optisch fest.

✂ Material/Vorbereitung

Digitalkameras, Papier, Stifte, Beamer, Laptop, Plakate

⚙ So geht's

Eine Fotodokumentation eignet sich sehr gut zur Hinführung an ein bestimmtes Unterrichtsthema, aber auch zur Erarbeitung, indem Sie Ihren Schülern klare Arbeits- bzw. Beobachtungsaufträge stellen.

In den unteren Jahrgangsstufen ist jedoch eine genaue Einweisung in die Handhabung der Kameras notwendig. Überlegen Sie sich, was bildlich dokumentiert werden soll.

Themen des Sachunterrichts eignen sich besonders gut für Fotodokumentationen. Vielleicht möchten Sie das Thema „Jahreszeit" mittels einer Fotodokumentation besprechen. Eventuell haben Sie im Pausenhof bzw. in der näheren Schulumgebung einen Baum, den Sie zu jeder Jahreszeit fotografieren können.

So können Sie beispielsweise gemeinsam mit Ihrer Klasse einen Unterrichtsgang machen und dabei Wiesen- bzw. Heckenpflanzen fotografieren.

Zum Thema „Zeit" können die Kinder auch eine besondere Fotodokumentation anfertigen, indem Sie Ihnen den Auftrag geben, „besondere Uhren" in ihrem Heimatort zu fotografieren. Nehmen Sie sich immer die Zeit, die Fotos Ihrer Schüler unmittelbar im Anschluss z. B. über einen Beamer gemeinsam zu betrachten und darüber zu sprechen.

Damit die Fotodokumentation auch im Klassenzimmer sichtbar wird, können die Kinder Plakate (→ siehe Idee 8) gestalten.

Auch im Deutschunterricht können Sie Fotodokumentationen einsetzen, beispielsweise bei der Durchführung einer Vorgangsbeschreibung. Insbesondere für schwächere Schüler kann dies eine große Hilfe sein, z. B. beim Verfassen eines Rezeptes.

℘⁺ Tipps

Planen Sie, für eine Fotodokumentation einen Unterrichtsgang zu machen, empfiehlt es sich in den unteren Jahrgangsstufen, einige Begleitpersonen zu engagieren. Oftmals haben jüngere Schüler Probleme mit der Handhabung einer Digitalkamera. Ideal wäre es, wenn Sie pro Paar bzw. Gruppe eine zusätzliche Begleitperson haben.

94 Werbespot drehen

Zeitbedarf ➲	ca. 3 Unterrichtsstunden
Jahrgangsstufe ➲	3. – 4. Klasse
Fächer ➲	Sachunterricht
Sozialform ➲	GA

⋇ Ziel

Die Schüler sollen ein Produkt in einem Werbespot vermarkten.

✂ Material/Vorbereitung

Produkt (Orangensaft, Ü-Ei, Schokolade …), geeigneter Ort zum Filmen (weiße Wand), Kamera

 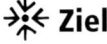

⚙ So geht's

Das Drehen eines Werbespots eignet sich für den Abschluss des Themas „Werbung". Schauen Sie gemeinsam mit den Schülern verschiedenen Werbespots an. Was fällt auf? Was würdest du kaufen? Warum? Welche Werbespots sind besonders gelungen? Warum?

Arbeiten Sie die Merkmale eines guten Werbespots anhand der Gezeigten heraus (z. B.: direkte Ansprache, klare und einfache Worte, etwas Lustiges/Ungewöhnliches einbauen, Vorteile des Produktes anpreisen, laut und grell, um aufzufallen …)

Als Nächstes werden die Schüler in Kleingruppen eingeteilt. Die erste Aufgabe besteht darin, sich für einen Artikel zu entscheiden. Nun geht es an die Kreativarbeit. Der Kreativität der Schüler darf keine Grenze gesetzt werden. Sobald die Schüler mit ihrem Werbespot sicher sind, dürfen sie zum Aufnahmeort kommen und ihr Werbespot wird aufgenommen. Zeigen Sie den Schülern ruhig auf der Kamera ihren Werbespot. Möglicherweise sehen sie noch Verbesserungsmöglichkeiten.

Am Ende können alle Werbespots hintereinander angesehen werden. Welcher ist den Kindern im Gedächtnis geblieben und warum? Welcher war besonders gelungen? Gibt es noch Verbesserungsvorschläge und/oder Kritikpunkte an einzelnen Werbespots? Achten Sie vor allem bei Kritik darauf, dass die Aussagen der Schüler immer gut begründet sind und nicht aus Sympathie oder Antipathie so ausfallen.

Sie werden sehen, Sie werden viel zu lachen haben.

⚙ Tipps

Sollten Sie keine Kamera haben oder keine Möglichkeit zum Abspielen der Werbespots haben, können die Kinder ihre Werbespots auch live zeigen und vorspielen.

95 Hörspiel

Zeitbedarf ➲	ca. 4–5 Unterrichtsstunden, Projekt
Jahrgangsstufe ➲	ab 2. Klasse
Fächer ➲	Deutsch, Sachunterricht
Sozialform ➲	Klassenstärke

⁂ Ziel

Die Klasse soll zu einem geeigneten Text ein Hörspiel produzieren.

✂ Material/Vorbereitung

geeigneter (Erzähl-)Text, „Drehbuch", Gegenstände für die Geräusche, Mikrofon, Aufnahmegerät, Kassette, evtl. zweiter Kassettenrekorder (für Musik-Einspielung); „Personal": Geräusche erzeugende Kinder, Musik-Kinder (zuständig für Hintergrundmusik, in Form von Musik zuspielen oder sogar mithilfe von Instrumenten), evtl. Erzähler, Sprecher-Kinder, Aufnahmeleiter (bedient das Aufnahmegerät)

⚙ So geht's

Lesen Sie zunächst gemeinsam mit Ihrer Klasse einen geeigneten Text, sprechen über den Inhalt und erzählen ihnen von Ihrem geplanten Vorhaben. Um ein gutes Hörspiel produzieren zu können, benötigen Sie einen Text, der einige Personen oder Wesen enthält, eine Handlung, die zwischen den Personen stattfindet, sowie einen Ort, an dem die Handlung stattfindet. Ähnlich wie bei einem Theaterstück braucht auch eine Hörspielaufnahme eine Art „Drehbuch". Im Plenum müssen nun einige Entscheidungen gefällt werden. Welche Figuren spielen mit? Wer spielt diese? Wird ein Erzähler benötigt? Welche Geräusche können wir einsetzen? Anschließend werden die Aufgaben verteilt. Es gibt viel zu tun, sodass wirklich jedes Kind seinen Beitrag zum Hörspiel leisten kann – sei es als Sprecher-Kind, als Musik-Kind, als Geräusche-Kind. Erstellen Sie einen „Übersichtsplan" für die Klasse und hängen diesen gut sichtbar für alle auf. Somit weiß jedes Kind genau, wer für welche Aufgabe zuständig ist.
In einem weiteren Schritt sollten sie gemeinsam ein „Drehbuch" schreiben. Für jede Szene sollte notiert werden, welche Figuren vorkommen und von wem diese gespielt werden. Überlegen Sie weiterhin, ob Geräusche in der Szene vorkommen und wie diese produziert werden können bzw. ob Hintergrundmusik gewünscht ist.
Nachdem die Rollen geübt wurden und die Geräusche vollständig gesammelt sind, kann eine erste Probe-Aufnahme stattfinden. Es bleibt Ihnen überlassen, ob Sie Sprache, Geräusche und Musik zusammen aufnehmen oder getrennt voneinander. Je nach technischem Know-how können Sie eine getrennte Aufnahme vornehmen und beides mithilfe des Computers zusammenfügen. Hören Sie sich gemeinsam die Probe-Aufnahme an und sprechen über evtl. Fehler bzw. Verbesserungsvorschläge. Sind alle Unstimmigkeiten beseitigt, können Sie mit der Aufnahme loslegen. Vergessen Sie dabei nicht, das Hörspiel von einem Kind anmoderieren zu lassen. Auch im sogenannten Abspann sollten die Namen der Kinder und deren jeweilige Aufgabe genannt werden.

⚜ Tipps

Denken Sie bei der Aufnahme daran, das Mikrofon anzuschalten sowie Türen und Fenster zu schließen.

Gestalten Sie die Hörspiel-Aufnahme als Projekt und können etwas mehr Zeit investieren, veranstalten Sie doch ein „Casting" für die einzelnen Sprecherrollen. Lassen Sie verschiedene Kinder eine Rolle ausprobieren und vorsprechen. Hierbei eignen sich bereits erste Probeaufnahmen.

96 Brettspiel/Würfelspiel entwickeln

Zeitbedarf ➲ ca. 2–3 Unterrichtsstunden
Jahrgangsstufe ➲ ab 2. Klasse
Fächer ➲ Deutsch, Sachunterricht, Kunst
Sozialform ➲ GA

⚜ Ziel

Die Schüler sollen ihr eigenes Brettspiel entwerfen.

⚜ Material/Vorbereitung

Holzbretter oder Karton als Spielfeld, Acrylfarben, Material zum Verschönern des Spielfeldes, Entwurfspapier, dicker Filzstift, kleine Karten (DIN A7 oder DIN A8), Schachtel für die Spielkarten und Spielfiguren

⚜ So geht's

Teilen Sie Ihre Schüler zunächst in Kleingruppen (4–5 Kinder) ein. Jede Gruppe soll ihr eigenes Spielfeld anfertigen. Das Spielfeld muss den Kriterien entsprechen, die Sie zunächst mit den Kindern besprechen. Es sollte ein Start- und ein Zielfeld geben sowie Felder zum Gehen und Felder, auf denen Fragen beantwortet werden müssen. Alles Weitere können Sie die Kinder selbst entscheiden lassen. Beispielsweise Treppen/Leitern/Stufen, mit denen man Felder überspringen kann, oder ein Feld, bei dem man wieder zurück zum Start muss, wären weitere Ideen. Sobald die Kriterien klar sind, können die Kinder auch schon loslegen. Hierfür bekommen sie am besten ein Holzbrett, auf das sie ihr Spielfeld malen können. Zunächst wird das Spielfeld mit Bleistift leicht vorgezeichnet und Spielfelder mit besonderer Bedeutung gekennzeichnet. Dann kann es auch schon an die Acrylfarben gehen und das Spielfeld kann gestaltet werden. Je nach Wunsch der Kinder können noch Muscheln, Steine etc. auf das Spielfeld geklebt werden.

Sobald die Spielfelder gestaltet worden sind, kann es auch schon an das Entwerfen der Fragenkarten zum Spiel gehen. Hierfür eignen sich verschiedene Themen aus dem Sachunterricht, aber auch Themen aus dem Bereich Deutsch und Mathematik. Lassen Sie jedes Kind zunächst eine Karte für das Spiel entwerfen. Alle Kinder stellen nun ihre Frage/Aufgabe vor. Sollte es zu Wiederholungen kommen, werden sie so gefunden und können durch eine andere Frage /Aufgabe ersetzt werden. Wenn jede Frage/Aufgabe nur noch einmal vorkommt, kann jedes Kind seine Frage entsprechend der Anzahl der Spielfelder notieren und je eine Karte zu einem Spielfeld legen. Nun fehlen noch die Spielfiguren. Diese können Sie entweder kaufen, kleine Figuren (Überraschungseierfiguren) hernehmen oder selbst basteln. Würfel dazu und schon ist das Spiel komplett!

Lassen Sie doch die Kinder Spielkarten z. B. zum Thema Hecke, Wiese, Feuerwehr, Wortarten, Geschichten, Einmaleins, Plus- und Minusaufgaben oder Geometrie, anfertigen.

⚟ Tipps

Lassen Sie die Kinder ihr Spielfeld zunächst auf einem Entwurfspapier aufzeichnen. Da mehrere Kinder beteiligt sind und sich Acrylfarben nicht einfach wieder wegradieren lassen, sollten auftretende Unstimmigkeiten beseitigt werden, bevor es an die Arbeit geht.

Lassen Sie die Schüler unbedingt eine Spielanleitung zu ihrem Spiel schreiben. Um auch eine Kontrolle bei den Fragen/Antworten zu haben, können die Kinder auf ihre Karte die entsprechende Lösung klein und in einer anderen Farbe dazu notieren. So können die Spiele immer wieder verwendet werden und die richtige Antwort ist immer mit dabei.

5

Ideen für den musischen, künstlerischen und sportlichen Unterricht

 **Ausstellung/Museumsgang**

Zeitbedarf ➲	ca. 1–2 Unterrichtsstunden, eher gegen Ende eines Schuljahres
Jahrgangsstufe ➲	ab Ende 1. Klasse
Fächer ➲	Kunst
Sozialform ➲	EA

❄ Ziel

Die Kinder sollen ihre besten Kunstwerke den anderen Kindern (und Eltern/ Lehrern) präsentieren und ihre Werke gegenseitig begutachten können.

✂ Material/Vorbereitung

diverse Kunstwerke aus dem laufenden Schuljahr, Stellwände, freie Wände, ggf. Aula bzw. ein großer Raum oder die ganze Schule

⚙ So geht's

Zunächst konfrontieren Sie die Kinder mit den Begriffen „Ausstellung" und „Museum". Sicherlich wissen nicht immer alle Kinder, was ein Museum oder eine Ausstellung ist. Lassen Sie die Kinder gegenseitig erklären, was sie darunter verstehen, und greifen Sie nur ein, wenn Sie es für nötig halten. Wichtig ist, dass die Kinder am Ende verstehen, dass ein Museum oder eine Ausstellung etwas Besonderes für einen Künstler darstellt und er lange darauf hinarbeitet, seine schönsten Werke dort zu präsentieren. Ist dies geklärt, können die Kinder sich auf die Suche nach ihren gelungensten Kunstwerken machen. Beziehen Sie ruhig auch die Kunstwerke aus dem Bereich „Textiles Gestalten/Werken" mit ein. Sind die Kunstwerke ausgewählt, überlegen Sie gemeinsam mit Ihren Schülern, wie sich die Werke am besten präsentieren lassen. Besprechen Sie im Plenum, ob Sie ihre Werke nur untereinander, d. h. der Klasse, oder der ganzen Schule präsentieren wollen. Je nach Wunsch entscheiden Sie sich für die passende Präsentationsmöglichkeit (siehe Tipps).

⚛ Tipps

Es gibt verschiedene Präsentationsmöglichkeiten für die Bilder/Werke. Bilder lassen sich beispielsweise auf beweglichen, schwarzen Stellwänden befestigen, die man dann in einem großen Raum (Aula) so aneinanderstellen kann, dass kleine

Räume und Gänge entstehen, durch die die Besucher schlendern können. Sollten Sie keine/wenige Stell-wände haben, lassen sich die Bilder auch gut mit Wäscheklammern an Wäscheleinen von der Decke hängen (→ siehe Idee 60) oder Sie nutzen die Ihnen zur Verfügung stehenden Wände.

Wirft man schöne Tücher über Tische oder Bänke, entstehen schnell Stellmög-lichkeiten, um Plastiken zu präsentieren (→ siehe auch Idee 99).

98 Ausstellungsschild

Zeitbedarf ➲ ca. 1 Unterrichtsstunde
Jahrgangsstufe ➲ ab Mitte 1. Klasse
Fächer ➲ Kunst
Sozialform ➲ EA

⁕ Ziel

Die Schüler sollen zu einem von ihnen angefertigten Kunstwerk ein Ausstel-lungsschild schreiben.

✂ Material/Vorbereitung

DIN-A4-Papier (am besten Tonpapier für selbst stehende Schilder), DIN-A5-Papier (für Schilder, die aufgehängt werden), Skizzenpapier, Stifte, bestenfalls einen Museumsbesuch

⚙ So geht's

Betrachten Sie mit den Kindern verschiedene Ausstellungsschilder von Künst-lern. Diese finden Sie entweder im Internet oder Sie fotografieren diese einfach in einem Museum. Hier müssen Sie jedoch unbedingt um Erlaubnis fragen. Sollten Sie diese jedoch erhalten, sind Sie auf der sicheren Seite, was die Rechte der Bilder betrifft.

Besprechen Sie gemeinsam mit den Kindern, welche Informationen auf einem Ausstellungsschild zu finden sind und weshalb Künstler überhaupt Ausstellungsschilder anfertigen. Auf den Ausstellungsschildern sollte der Name des Künstlers, der Titel des Werkes, etwas über die Gestaltungsmaterialien (Wasserfarben, Kohle, Bleistift, Ölkreiden, Pappmaschee, …) sowie eine Jahreszahl stehen. Anschließend zeigen Sie den Schülern verschiedene Ausstellungsschilder zu ein und demselben Bild. Diese Ausstellungsschilder sollten den gleichen Inhalt haben, jedoch optisch sehr unterschiedlich aussehen. Gestalten Sie ein Ausstellungsschild, das sehr einfach und schlicht gehalten ist, eines, bei dem die Schrift nur schlecht lesbar ist, sowie eines, auf dem die Schrift sehr verschnörkelt sowie viel Farbe und Verzierung zu finden ist. Thematisieren Sie nun mit den Kindern, welches Schild sie am gelungensten finden, und lassen Sie die Kinder ihre Entscheidungen begründen. Die Kinder sollten zu der Erkenntnis kommen, dass es wichtig ist, ein ordentliches Schild mit wenig bis keiner Verzierung zu schreiben, da schließlich das Kunstwerk und nicht das Ausstellungsschild bewundert werden soll.

Sobald die Kinder wissen, worauf es bei einem Ausstellungsschild ankommt, können sie sich Gedanken über den Titel ihres Bildes machen und das Ausstellungsschild anfertigen. Lassen Sie die Kinder für ein stehendes Schild ein DIN-A4-Papier in der Mitte falten oder teilen Sie den Schülern das Schild bereits in der passenden Größe aus. Die Kinder können nun zunächst eine Skizze auf einem Skizzenpapier anfertigen. So können sie problemlos ausprobieren, wie sie die Inhalte auf ihrem Ausstellungsschild, optisch ansprechend, verteilen wollen. Sobald die Skizze ihren Vorstellungen entspricht, bringen die Kinder ihren Entwurf auf das Ausstellungsschild und hängen es zu ihrem Bild.

℞ Tipps

Noch effektiver als das Betrachten von Ausstellungsschildern ist der Gang in ein Museum. Hier sehen die Kinder, dass jeder Künstler ein Schild zu seinem Kunstwerk angefertigt hat. Sie können die Ausstellungsschilder bereits im Museum mit den Kindern besprechen. Ihre Schüler haben so möglicherweise bereits von sich aus die Idee, selbst Ausstellungsschilder zu ihren Bildern anfertigen zu wollen. Eventuell fällt den Kindern auf, dass die Ausstellungsschilder in einem Museum alle auf Computern getippt wurden. Lassen Sie Ihre Schüler ihre Schilder doch auch auf dem Computer schreiben.

99 Ausstellungssockel

Zeitbedarf ➲ ca. 45 Minuten
Jahrgangsstufe ➲ ab 1. Klasse
Fächer ➲ Kunst
Sozialform ➲ EA

✳ Ziel

Die Schüler sollen einen Sockel bauen, auf dem ihre kleinen Kunstwerke noch besser zur Geltung kommen.

✂ Material/Vorbereitung

leere Teppichrolle, Säge, stabiles Pappquadrat (ca. 15 x 15 cm oder größer) z. B. von eingepackten Möbeln, Heißkleber, Bleistift, Farbe oder Stoff eine schöne Schnur

🎇 So geht's

Sägen Sie die Teppichrolle gemeinsam mit den Kindern in unterschiedlich hohe Stücke. Dadurch lassen sich die Ausstellungssockel am Ende gut gemeinsam arrangieren. Sobald jedes Kind seine Rolle hat, darf es diese gestalten. Es kann sie mit einer Farbe und Pinsel anmalen oder auch mit einem Schwamm betupfen. Sollten mehr Farben verwendet werden, ist anzuraten, dass die Farben aus einer Farbfamilie kommen, da der Sockel nicht vom Kunstwerk ablenken soll. Sobald die Rolle trocknet, können die Kinder auch schon ihr Pappquadrat zuschneiden, sofern sie es nicht bereits in passender Größe besitzen. Es eignet sich eine Größe von ca. 15 x 15 cm. Auch dieses Pappquadrat verträgt einen farbigen Anstrich entsprechend der Farbfamilie der Rolle.

Sobald beide Teile getrocknet sind, stellt man die Rolle mittig auf das Pappquadrat und umfährt die Rolle mit einem Bleistift. So weiß man genau, wo der Heißkleber hinmuss. Seien Sie nicht zu zaghaft mit dem Heißkleber, schließlich soll der Sockel auch etwas aushalten. Sobald Sie den Heißkleber auf dem gezeichneten Kreis verteilt haben, stellen Sie schnell die Rolle darauf und drücken sie gut fest. Fertig ist der Ausstellungssockel.

Sollten Sie nicht mit Farbe, sondern lieber mit Stoff arbeiten, beginnen Sie mit dem Zusammenkleben von Rolle und Pappquadrat. Anschließend schneiden die Kinder den Stoff entsprechend ihrem Sockel zurecht. Die Kinder müssen nun nur noch ihren Stoff mit einer schönen Kordel am Sockel befestigen, bevor sie ihre kleinen Kunstwerke darauf präsentieren können.

⚡ Tipps

Statt den Sockel anzumalen, können die Kinder den Ausstellungssockel auch mit Zeitungsfetzen oder der Serviettentechnik bekleben.
Statt die Heißklebepistole zu benutzen, können Sie auch die auf dem Bild dargestellt Variante angehen, indem Sie wie im Bild eingezeichnet die Rolle mit Schnüren an dem Pappdeckel befestigen.

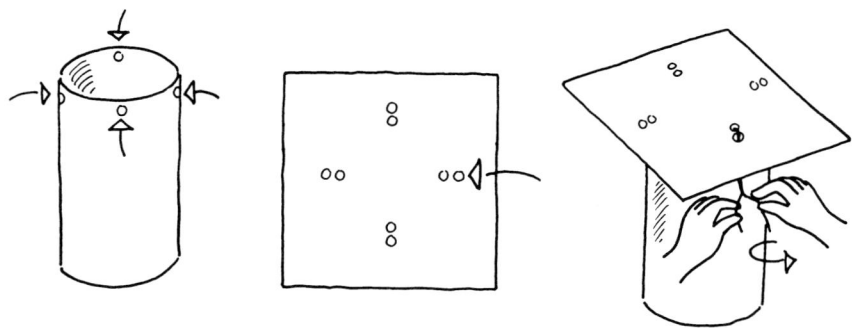

100 Präsentationslandschaft

Zeitbedarf ➲	ca. 1 Unterrichtsstunde
Jahrgangsstufe ➲	ab 1. Klasse
Fächer ➲	Kunst, Sachunterricht
Sozialform ➲	Klassenstärke

⋇ Ziel

Die Schüler sollen mithilfe von Schuhkartons eine Präsentationslandschaft mit verschiedenen Höhen und Tiefen gestalten. So entsteht eine abwechslungsreiche Ausstellungsfläche.

✂ Material/Vorbereitung

Schuhkartons, doppelseitiges Klebeband, großes einfarbiges Stück Stoff

⚙️ So geht's

Bauen Sie gemeinsam mit den Kindern die Schuhkartons zu unterschiedlich hohen Türmen zusammen. Probieren Sie verschiedene Möglichkeiten aus und besprechen mit den Kindern, welche als Präsentationslandschaft am besten geeignet ist. Dies ist auch vom Standort der Präsentationslandschaft abhängig. Kann man um die Präsentationslandschaft herumgehen oder ist eine der Seiten an einer Wand? Sobald sich für eine Form entschieden wurde, müssen die Kartons an einigen Stellen zusammengeklebt werden. Entweder fixieren Sie die Kartons mit Klebeband, mit doppelseitigem Klebeband oder mit Heißkleber miteinander so fallen die Kartons nicht gleich auseinander, sollte man sie berühren. Nun können die Kinder den Stoff vorsichtig über die Schuhkartons legen und ihre Ausstellungsstücke darauf drapieren und den anderen präsentieren.

🎗️ Tipps

Nehmen Sie statt Schuhkartons doch einfach Obstkisten aus Pappe oder bestmöglich aus Holz. Dadurch entsteht eine noch sicherere Präsentationslandschaft. Schuhkartons lassen sich jedoch einfacher besorgen.

101 Bilderrahmen

Zeitbedarf ➲	je nach Umfang des Bilderrahmens ca. 1–3 Unterrichtsstunden
Jahrgangsstufe ➲	ab 1. Klasse
Fächer ➲	Kunst
Sozialform ➲	EA

❄️ Ziel

Die Schüler sollen mithilfe von Hölzern oder Pappe einen eigenen Bilderrahmen für ihr Kunstwerk bauen.

✂️ Material/Vorbereitung

je 2 gleich lange Kanthölzer, dünnes Holz, Holzleim, Bilderrahmenaufhänger, Farbe oder (kostengünstiger) Pappe (größer als das Bild), Wellpappe o. Ä., Schere, Lineal, Kleber, Reißnägel

⚙ So geht's

Lassen Sie die Kinder das dünne Holz im Querformat vor sich auf den Tisch legen. Nun werden die beiden langen Kanthölzer oben und unten bündig auf das dünne Holz geleimt. Halten Sie die Kanthölzer so lange fest, bis der Leim angezogen ist. In einem nächsten Schritt können Sie die zwei kurzen Kanthölzer links und rechts an den Rand des dünnen Holzes leimen. Kleine Lücken können nun noch zusammengeschoben werden, bevor der Leim vollständig getrocknet ist. Das Grundgerüst des Holzbilderrahmens ist nun fertig. Sie können die Kinder nun ihren Bilderrahmen in ihren Lieblingsfarben anmalen lassen. Alternativ könnten die Kinder ihren Bilderrahmen passend zum Kunstwerk gestalten. Am Ende noch schnell eine Bilderrahmenaufhängung auf die Rückseite kleben und einen geeigneten Platz im Schulhaus suchen, an dem die Bilder aufgehängt werden können.
Oder:
Die Kinder legen die Pappe vor sich auf den Tisch und kleben ihr Bild in die Mitte der Pappe. Anschließend schneiden die Schüler aus der Wellpappe Streifen in der entsprechenden Länge und Breite aus. Messen Sie gemeinsam mit den Kindern aus, wie lang und wie breit der Streifen werden soll. Nun können die Kinder die Wellpappestreifen auf die Pappe kleben. Fertig ist der selbst gebastelte Bilderrahmen. Die Bilder können mit diesem Bilderrahmen ganz einfach mit Reißnägeln aufgehängt werden.

102 Bilderschau

Zeitbedarf ➲	ca. 30 Minuten
Jahrgangsstufe ➲	ab 1. Klasse
Fächer ➲	Kunst
Sozialform ➲	Klassenstärke

☀ Ziel

Die Schüler sollen ihre Kunstwerke wie bei einer Modenschau auf einem Laufsteg den Parallelklassen/der Schule/den Eltern präsentieren.

✂ Material/Vorbereitung

Bühne oder Sportbänke, Stühle und Tische für das Publikum, Bilder

✹ So geht's

Fragen Sie zunächst die Kinder, ob sie wissen, was eine Modenschau ist. Sicher können ihnen vor allem die Mädchen den Begriff „Modenschau" erklären. Statt Kleidung wollen Sie aber die Bilder der Kinder auf dem Laufsteg präsentieren. Bauen Sie hierfür gemeinsam mit den Kindern einen Laufsteg auf. Optimal geeignet wären schmale Bühnenteile. Sollten Sie in Ihrer Schule keine Bühne haben, können Sie auch die Sportbänke zweckentfremden. Stellen Sie zwei Bänke mit der langen Seite nebeneinander. Je nachdem, wie lang der Laufsteg werden soll, machen Sie dies mit insgesamt sechs oder acht Bänken. So entsteht ein langer Laufsteg. Für das Publikum stellen sie nun mit ca. zwei Metern Abstand zunächst zwei Reihen Stühle und dahinter ein oder zwei Tischreihen auf. So ist gewährleistet, dass das Publikum auch wirklich etwas sieht.

Nun kann es auch schon losgehen. Legen Sie gemeinsam mit den Kindern die Reihenfolge fest und bestimmen Sie einen Moderator, der die entsprechenden Titel der Bilder ansagt.

Üben Sie mit den Kindern das Lauftempo und das Halten der Bilder. Die Schüler sollen möglichst langsam über den Laufsteg „schweben" und dabei ihre Bilder über den Kopf halten.

✹ Tipps

Um die Aufmerksamkeit voll und ganz auf die Bilder zu richten, ist es hilfreich, wenn alle Schüler, die auf dem Laufsteg ihre Bilder präsentieren, sich einfarbig (schwarz) kleiden. So ist die volle Aufmerksamkeit auf das Kunstwerk und nicht auf das Kind gerichtet.

Lassen Sie eine zu den Bildern passende Musik laufen, während ihre Schüler ihre Kunstwerke präsentieren.

Achten Sie auch auf den Abstand zwischen den einzelnen Schülern und auf die Laufrichtung. Eine Generalprobe kann hier mögliche Probleme aufdecken.

103 Comic

Zeitbedarf ➲ ab 3 Unterrichtsstunden
Jahrgangsstufe ➲ ab Ende 2. Klasse
Fächer ➲ Deutsch, Kunst
Sozialform ➲ PA, GA

Ziel

Die Schüler sollen Bild-Text-Kombinationen lesen, deren Merkmale kennenlernen und selbst einen Comic erstellen.

✂ Material/Vorbereitung

Comics, Papier, Stifte, Computer, Beamer

❀ So geht's

Wer kennt sie nicht? Donald Duck, Micky Maus, Asterix, Lucky Luke … Auch Ihre Schüler sind sicherlich von Comics fasziniert. Warum nicht also selbst einen Comic erstellen?

Bevor die Kinder sich ans Werk machen, ist es sinnvoll, vorab Comics genauer unter die Lupe zu nehmen. Dazu sollen die Schüler Comics mit in die Schule bringen, die schließlich genau betrachtet werden. Was ist typisch für einen Comic? (z. B. Sprech- oder Denkblasen und deren unterschiedliche Darstellungsweisen, „Geräusch-Worte", grafische Symbole, 3–4 kleine Bilder pro Seite etc.). Lassen Sie Ihre Schüler auch ruhig eine Zeit lang in den mitgebrachten Comics schmökern. In unteren Jahrgangsstufen können Sie beispielsweise als Hinführung zunächst eine ungeordnete Bilderabfolge sowie Sprech- bzw. Denkblasen vorgeben, die die Schüler „richtig" zuordnen sollen.

Eine weitere Möglichkeit wäre, eine kurze Geschichte anzubieten, die die Schüler als Comic darstellen sollen. Im Anschluss daran dürfen sich die Kinder nun ihren eigenen Comic überlegen, d. h. sie benötigen 1–2 Hauptfiguren und eine kurze Story. Es ist natürlich sinnvoll, vorab die Ideen zu sammeln und zu skizzieren.

Mit großem Eifer, Kreativität und Begeisterung werden sich Ihre Schüler an die Arbeit machen und mit Sicherheit tolle Ergebnisse erzielen.

In den höheren Jahrgangsstufen ist es durchaus denkbar, einen Comic mithilfe eines Zeichen- und Präsentationsprogrammes am Computer zu erstellen. Dazu können kleine Gruppen zunächst ihre Hauptfigur des Comics beispielsweise in Paint erstellen und diese anschließend in ein Präsentationsprogramm einfügen. Anschließend geht es daran, Sprechblasen zu erstellen bzw. die Texte in die Sprech- oder Denkblasen einzufügen.

Auch Animationen sind mithilfe von beispielsweise PowerPoint möglich. Das Erstellen am Computer ist eine große Herausforderung und beansprucht sicherlich auch viel Zeit. Planen Sie dies doch einfach als Projekt und laden computerversierte Eltern mit in den Unterricht ein, die Sie bei dieser komplexen Aufgabe unterstützen können. Als krönender Abschluss dürfen natürlich alle Comics präsentiert werden (z. B. mithilfe eines Beamers).

🖈 Tipps

Besprechen Sie gemeinsam in einer Stunde die unterschiedlichen Darstellungsweisen der Sprech- und Denkblasen sowie deren jeweilige Bedeutung. Eine
gezackte Umrisslinie symbolisiert beispielsweise Zorn oder Wut, während eine
zittrige Umrandung eher Schüchternheit oder Angst signalisiert. Auch mit der
Schriftgröße kann ein Comic Signale setzen.

104 Landart-Projekte

Zeitbedarf ➲	ca. 2 Unterrichtsstunden
Jahrgangsstufe ➲	ab 1. Klasse
Fächer ➲	Kunst
Sozialform ➲	EA, PA, GA

⚛ Ziel

Die Schüler sollen mit Naturmaterialien (Steine, Stöcke, Blumen, Wurzeln,
Blätter, Moos …) Kunstwerke in der Landschaft zaubern.

✂ Material/Vorbereitung

Naturmaterialien sammeln (→ Waldspaziergang, Wiesenspaziergang, Hausaufgabe, Künstler „Andy Goldsworthy" kennenlernen)

⚙ So geht's

Stellen Sie den Kindern z. B. den Künstler Andy Goldsworthy und seine Kunstwerke vor. Der Künstler Andy Goldsworthy steht für Landart. Seine Kunstwerke
findet man in der Natur wieder und sie haben ein besonderes Kennzeichen, sie
sind vergänglich. Aus diesem Grund fotografiert Andy Goldsworthy seine
Kunstwerke, da er nicht weiß, wie lange sie noch zu sehen sind. Denn Wind,
Regen, Schnee, Sonne … sind für seine Kunstwerke „gefährlich".
Machen Sie sich nun auf den Weg in die Natur. Bei einem Waldspaziergang
gibt es zahlreiche Möglichkeiten, kleine Kunstwerke anzufertigen. Teilen Sie die
Kinder in Kleingruppen ein oder lassen Sie sie allein oder zu zweit auf die Suche
nach Naturmaterial und Ideen gehen. Vereinbaren Sie mit den Kindern, bis wo-

hin sie sich entfernen dürfen. Sobald die Kinder fertig sind, fotografieren Sie alle Kunstwerke und stellen die Fotos in der Schule aus.

Eine Alternative zu einem Waldspaziergang wäre auch ein Wiesen- oder Heckenspaziergang.

In Verbindung mit dem Fach Mathematik können Sie die Kinder Flächenformen aus Naturmaterialien in der Natur bauen lassen. Im Winter, sobald es geschneit hat, bietet auch der Schnee viele Möglichkeiten, um kleine Kunstwerke anzufertigen. Aus Steinen lassen sich ebenfalls viele tolle und spannende Dinge bauen.

Im Herbst, wenn viele bunte Blätter durch die Luft fliegen, sollten Sie die Chance wahrnehmen, rausgehen und künstlerisch tätig werden. Sie werden sehen, mit wie viel Spaß und Freude die Kinder bei der Sache sind.

Es ist wichtig, dass Sie darauf achten, dass die Kinder die Natur nicht beschädigen und alle möglichen Pflanzen ausreißen oder zertreten.

© Alexander Häfele

⚡ Tipps

Fotografieren Sie die Kunstwerke der Kinder und hängen Sie sie an eine Ausstellungswand oder -leine (→ siehe Ideen 59 und 60).

105 Assemblage

Zeitbedarf ➲	ca. 2–4 Unterrichtsstunden
Jahrgangsstufe ➲	ab 1. Klasse
Fächer ➲	Kunst
Sozialform ➲	GA

☀ Ziel

Die Schüler sollen in Gruppenarbeit ein Kunstwerk mithilfe der Assemblagetechnik planen, realisieren und präsentieren.

✂ Material/Vorbereitung

Skizzenpapier, Stifte, Platte aus z. B. Sperrholz, Holz/Leinwand/Bilderrahmen, Farben, Pinsel, Tonkarton, Heißkleber, unterschiedlichste Gegenstände (z. B. Figuren aus Überraschungseiern, Autos, Lego®-Steine, Muscheln, Nudeln, Korken, Steine, Reis, Erbsen, Federn, Fundstücke aus der Natur etc.)

⚙ So geht's

Unter einer „Assemblage" versteht man eine Collage mit plastischen Objekten und/oder dreidimensionalen Gegenständen, die auf einer Platte, einer Leinwand oder in einem Bilderrahmen befestigt werden. Auf diese Weise entsteht ein vollkommen neues Kunstwerk. Das Wort kommt aus dem Französischen und bedeutet so viel wie „Zusammenfügung" oder „Montage".

Zeigen Sie den Kindern als Einstieg doch ein Foto einer Assemblage (unter dem Stichwort „Assemblage" finden Sie einige Beispiele im Internet) oder fertigen Sie selbst eine einfache Assemblage an. Lassen Sie die Kinder vermuten, wie dieses Kunstwerk entstanden sein könnte, und klären gemeinsam den Begriff „Assemblage" (s. o.).
Im Anschluss daran geht es ans eigene Werk. Die Kinder sollen sich in Gruppen zunächst überlegen, welche Art „Assemblage" sie entwerfen möchten. Auf Skizzenpapier können sie notieren, welche Materialien sie verwenden wollen bzw. darstellen, wie sie in etwa ihr Kunstwerk gestalten möchten.
„Hausaufgabe" ist somit für alle Kinder, dreidimensionale Gegenstände von zu Hause oder aus der Natur mitzubringen. Im nächsten Schritt geht es darum, die Grundplatte bzw. die Grundwand zu gestalten. Die Gegenstände können sowohl auf einer Platte als auch in einem selbst angefertigten Bilderrahmen (→ siehe Idee 101) angeordnet werden. Sie können den Schülern beispielsweise Kanthölzer zur Verfügung stellen, die sie farblich gestalten und zu einem Bilderrahmen zusammenkleben. Um darauf plastische Objekte fixieren zu können, benötigt der Bilderrahmen noch eine Rückwand (z. B. fester Karton). Nun können die mitgebrachten Gegenstände angeordnet werden. Die Schüler sollten ihre Mitbringsel zunächst nur legen und verschiedene Varianten ausprobieren. Sind alle Gruppenmitglieder mit dem Ergebnis zufrieden, darf geklebt werden.

⚒ Tipps

Gerade in den unteren Jahrgangsstufen sollten Sie bei der Verwendung von Heißkleber stets dabei sein.
Sie können den Kindern natürlich auch Themen vorgeben, z. B. „Natur", „Spielsachen", „Musik", „Sport". Zum Thema „Müll" könnten die Gruppen beispiels-

weise Müll (z. B. ausgewaschene Joghurtbecher, Folien, Verpackungen etc.) zu einem regelrechten Kunstwerk zusammenfügen.

106 Quadrat-Schulprojekt

Zeitbedarf ➲	je nach Anzahl der mitmachenden Schüler und Lehrer
Jahrgangsstufe ➲	alle Klassen
Fächer ➲	Kunst
Sozialform ➲	Schulprojekt

✳ Ziel

Die Schüler sollen in einem Gemeinschaftsprojekt ein Kunstwerk der gesamten Schule gestalten.

✂ Material/Vorbereitung

pro Schüler 1 Quadrat (ca. 15 cm x 15 cm), je nach Anzahl der Quadrate 1 großes Quadrat aus buntem Stoff/Papier in der benötigten Größe, Holzleisten, Schrauben, Bleistift, Wäscheleine zum Aufhängen

❀ So geht's

Überlegen Sie sich ein Thema unter dem Ihr Quadrat-Schulprojekt stehen soll. Es eignet sich z. B.: Frühling, Sommer, Herbst, Winter, Weihnachten, Ostern, Gib deiner Schule ein Gesicht …
Je nach Thema kann das Schulprojekt über einen längeren oder kürzeren Zeitraum hängen.
Sobald Sie sich für ein Thema entschieden haben, geht es daran, sich für jede Klasse ein „Unterthema" zu überlegen. Bei Winter wäre das z. B. Schneekristalle, Bäume im Winter, Sportarten (diese könnte man theoretisch noch einmal aufteilen in Schlittenfahren, Eislaufen, Skifahren …), Weihnachtsbäume, Advent, Silvester, Nikolaus, Winterlandschaft, Barbarazweige ….
Je nach Größe der Schule und Anzahl der Klassen brauchen Sie ein Thema, bei dem es genügend „Unter-Themen" gibt. Haben Sie genug Themen gefunden, hängen Sie eine Liste mit den verschiedenen Themen auf, in die sich die jeweiligen Klassen eintragen können. Notieren Sie auf die Liste ebenfalls die Größe

der Quadrate, damit sich die Lehrkräfte die Quadrate selbst zuschneiden können, sowie die Farbe des Quadrates, auf dem die kleinen Quadrate fixiert werden. So können sich die Lehrkräfte eventuell auch farbige Quadrate zur Gestaltung nehmen.

Nun sind die einzelnen Klassen an der Reihe, ihre Quadrate zu gestalten. Jede Klasse gestaltet ihre Quadrate zu ihrem Thema. Wie diese erstellt werden, sollten Sie der entsprechenden Lehrkraft überlassen. Unterschiedliche Macharten (Kreide, Wasserfarben, Buntstifte, Papier, Verzierung mit Pailletten …) bereichern das Gemeinschaftswerk.

Sobald alle Quadrate wieder bei Ihnen sind, können Sie damit beginnen, die kleinen Quadrate auf ein großes Quadrat zu kleben. Fertigen Sie sich hierzu eine große Holzleiste an, auf welcher der Abstand der Bilder eingezeichnet ist. So erleichtern Sie sich das Aufkleben der kleinen Bilder und der Abstand wird gleichmäßig. Fixieren Sie das Quadrat an einer Holzleiste, in die Sie seitlich zwei lange Schrauben drehen. An diesen Schrauben können Sie nun die Wäscheleine fixieren. Wählen Sie die Schrauben so aus, dass Sie das Gewicht auch wirklich halten können. Ebenso müssen die Knoten der Wäscheleine sehr fest sein.

Nun müssen Sie sich nur noch einen geeigneten Platz in Ihrer Schule suchen und das Gesamtkunstwerk aufhängen.

Glauben Sie uns, die Mühe lohnt sich!

⚒ Tipps

Wählen Sie ein Thema aus, das zumindest über mehrere Wochen aktuell ist. Das Aufkleben der Bilder sowie das Aufhängen des Gesamtkunstwerkes benötigen schließlich einige Zeit und Kraft.

Suchen Sie sich einen oder mehrere Kollegen aus, die Ihnen bei diesem Schulprojekt helfen. Allein ist es nicht möglich bzw. zu zeitintensiv.

Die Größe Ihrer kleinen Quadrate ist auch abhängig von der Schülerzahl. Je mehr Schüler Sie in Ihrer Schule haben, desto kleiner werden die Quadrate.

107 Knetanimationsfilm

Zeitbedarf ➲	ab 8 Unterrichtsstunden
Jahrgangsstufe ➲	4. Klasse
Fächer ➲	Kunst
Sozialform ➲	GA

 Ziel

Die Schüler sollen aus Fotos einen Film machen.

Material/Vorbereitung

weißer Stoff, Rückwand (z. B. Probentrennwand), Plastilin-Knete für die Figuren, Kamera, Computer (evtl. mit dem Programm „WindowsMovieMaker")

So geht's

Zeigen Sie den Schülern zunächst einen kleinen Knetanimationsfilm (z. B. „Pingu" oder „Wallace & Gromit"). Besprechen Sie mit den Kindern, wie diese Filme gemacht werden. Sobald die Kinder das Prinzip verstanden haben, können Sie sich gemeinsam mit den Kindern an die Arbeit machen.

Zunächst finden sich Ihre Schüler in Gruppen zusammen und überlegen sich ihr Drehbuch. Machen Sie die Kinder darauf aufmerksam, dass ihre Geschichte nicht zu kompliziert sein darf und einfach darzustellen sein sollte. Sobald die Kinder ihr Drehbuch haben, können sie ihre Figuren bauen. Die Kinder sollten sich überlegen, wer die Aufgabe des Fotografierens übernimmt, wer die Figuren bewegt und wer für die Kulisse verantwortlich ist. Sobald die Kinder ihre Figuren gebaut haben, kann die Kulisse aufgebaut werden. Hierfür stellen sie eine kleine Wand auf, über die sie das weiße Tuch werfen. Dies ist der Hintergrund. Sollten die Kinder Bäume etc. mit in ihre Kulisse bauen, müssen sie sich den Abstand zur Rückwand und zu den anderen Figuren exakt aufschreiben, da es sonst zu Verschiebungen im Film kommt. Stehen Sie den Schülern beim Schreiben des Drehbuchs und beim Bau der Kulisse stets beratend zur Seite.

Sobald alles geplant und gebastelt/geknetet wurde, kann mit dem Fotografieren angefangen werden. Für den Film brauchen Sie ca. 250 bis 300 Fotos. Dies ist eine Menge. Die Kinder dürfen ihre Figuren nur sehr kleinschrittig bewegen. Je mehr Fotos sie haben, desto ruhiger läuft der Film.

Um den Film am Ende zu erhalten, müssen die Fotos nun sehr schnell hintereinander ablaufen. Ein mögliches Programm hierfür ist der WindowsMovieMaker. Importieren Sie zunächst die Bilder in das Programm. In einem nächsten Schritt ziehen Sie die entsprechenden Bilder auf die Zeitachse (= Storyboard) und stellen die Anzeigedauer pro Bild ein. Je kürzer die Zeit, desto ruhiger der Film. Jedoch kann nur eine sehr kurze Zeit eingestellt werden, wenn die Bilder auch sehr kleinschrittig fotografiert wurden. Um den Film fertigzustellen, müssen Sie ihn nur noch auf dem PC abspeichern und schon können Sie ihn abspielen. Bewerten Sie die Filme am Ende gemeinsam mit den Kindern.

⚘ Tipps

Um genügend Kameras zur Verfügung zu haben, geben Sie einen Elternbrief heraus, indem Sie fragen, wer eventuell eine Kamera mit in die Schule bringen darf. Möglicherweise haben Sie auch Eltern in der Klasse, die sich gut damit auskennen, aus Fotos einen Film zu zaubern.

108 Theaterstück

Zeitbedarf ➲	ca. 10 – 12 Unterrichtsstunden
Jahrgangsstufe ➲	ab 2. Klasse
Fächer ➲	Deutsch, Theater, Projekt
Sozialform ➲	GA, Klassenstärke

⁜ Ziel

Die Schüler sollen ein Theaterstück erarbeiten und dieses einem ausgewählten Publikum präsentieren.

✂ Material/Vorbereitung

Theaterstück, „Wahlzettel", Requisiten, Stellwände, Vorhänge, Papier, Stifte, Farben, Pinsel

⚙ So geht's

Kinder lieben es, sich zu verkleiden, sich zu schminken und in andere Rollen zu schlüpfen. Nehmen Sie diese Vorliebe auf und planen gemeinsam mit Ihrer Klasse (oder im Rahmen einer Theater-Arbeitsgemeinschaft), ein Theaterstück aufzuführen. Sie werden sehen, wie begeistert Ihre Schüler von dieser Idee sein werden. Vorab ist es ratsam, einige Improvisations- und Körperwahrnehmungs-spiele durchzuführen und auch kleine Spiele zur Stärkung des Gemeinschafts-gefühls.

Nachdem Sie ein geeignetes Theaterstück ausgewählt haben, geht es schon ans Werk. Erzählen Sie Ihren Schülern, wovon das Theaterstück handelt bzw. lesen es vor. Mit Sicherheit werden die Kinder jetzt schon sagen, welche Rolle sie übernehmen wollen. Der Fairness halber könnten Sie einen „Wahlzettel" anfertigen. Jeder Schüler darf nun drei Rollen angeben, die er gern spielen möchte. Meistens funktioniert diese Methode sehr gut, ohne dass die Kinder größere Kompromisse eingehen müssen. Sollte es dennoch mal der Fall sein, dass ein Kind nicht die Rolle bekommt, die es gern gespielt hätte, können Sie sich dies vermerken. Beim nächsten Theaterstück erhalten diese Kinder auf jeden Fall ihren „Erstwunsch".

Verteilen Sie nun das Skript an die Kinder. Hausaufgabe ist es natürlich, in erster Linie den Text zu lernen. In den weiteren Stunden geht es nun ans Proben. Dabei können die Schüler zunächst noch ihren Text vom Blatt ablesen.

Eine Stunde sollten Sie auf jeden Fall dafür hernehmen, in der sich die Kinder in Gruppenarbeit Gedanken über die Kulissen machen. Teilen Sie jeder Gruppe eine Szene zu. Aufgabe ist es, sämtliche benötigten Requisiten zu notieren und eine Skizze der Hintergrund-Kulisse anzufertigen. Vielleicht verfügt Ihre Schule über einen Theater-Fundus, ansonsten müssten die Requisiten von zu Hause mitgebracht werden. In einer weiteren Stunde dürfen die Kinder ihre Kulissen anfertigen. Dazu benötigen Sie beispielsweise große Pappwände, die die Schüler farbig bemalen können. Oder Sie haben an der Schule fahrbare Stellwände, an die große Papierbahnen oder Stoffe gehängt werden können.

Sind die Kulissen angefertigt, sämtliche Requisiten gesammelt und die Kinder können ihre Texte, geht es an die „richtigen" Proben. Dabei sollten Sie nun verstärkt darauf achten, dass die Kinder laut und deutlich sprechen und auch Mimik und Gestik einsetzen. Die Bewegungsabläufe der einzelnen Kinder sollten nun klar sein und natürlich auch, wann die einzelnen Rollen ihren Auftritt haben. Laden Sie doch zu einer Generalprobe beispielsweise Kindergartenkinder in die Schule ein. So lernt Ihre Klasse gleich, mögliches Lampenfieber abzulegen bzw. vor Publikum zu spielen.

Vergessen Sie nicht, Ihre Schüler Plakate bzw. Einladungen für die Theater-Aufführung anfertigen zu lassen, die in der Schule oder im Ort aufgehängt werden. Am Tag der Aufführung sind Ihre Schüler sicherlich sehr aufgeregt. Planen Sie daher genug Zeit für die Vorbereitungen (Schminken, Umziehen, Aufbau etc.) ein, um keine unnötige Unruhe entstehen zu lassen.

Und nun viel Spaß bei der Aufführung. Der tosende Applaus des Publikums ist eine tolle Würdigung der Leistung Ihrer Schüler.

👫 Tipps

Bitten Sie doch einige Eltern, am Tag der Aufführung bei den Vorbereitungen zu helfen (z. B. die Kinder zu schminken, Headsets anzulegen etc.).
Sorgen Sie zudem dafür, dass die Schulleitung bzw. der Hausmeister über Ihr Vorhaben informiert ist.

Vielleicht besitzen Sie an der Schule sogar Headsets. Sie sollten diese unbedingt vor der Aufführung zum Einsatz kommen lassen, damit sich die Kinder an den Umgang mit den Headsets gewöhnen können.

Lassen Sie doch einen oder zwei Schüler die „Anmoderation" des Theaterstückes übernehmen. Dies könnten beispielsweise die Kinder übernehmen, die nicht ihre Lieblingsrolle erhalten haben. Einen wichtigen Punkt sollten Sie auch nicht vergessen: die Verbeugung!

Damit sich die ganze Arbeit lohnt, sollten Sie unbedingt mehrere Aufführungen planen, z. B. für die Schule, für die Eltern und Großeltern, für Kindergartenkinder. Oder laden Sie doch ältere Menschen aus einem Seniorenwohnheim ein.

109 Erlebnislandschaft

Zeitbedarf ➲	ab 5 Unterrichtsstunden (Projekt)
Jahrgangsstufe ➲	2.–4. Klasse
Fächer ➲	Sport, Sachunterricht, Deutsch, Kunst
Sozialform ➲	GA, Klassenstärke

⁕ Ziel

Die Schüler sollen durch offene Bewegungsaufgaben zum kreativen und kooperativen Umgang mit der Bewegung sowie zum freien Gestalten mit Geräten angeregt und motiviert werden.

✄ Material/Vorbereitung

Für die Umsetzung einer Erlebnislandschaft werden zahlreiche Groß- und Kleingeräte benötigt:

Matten (Niedersprung- und Weichbodenmatten, Turnmatten), große und kleine Kästen, Stufenbarren, Taue, Bänke, Torwand, Sprossenwände, Hütchen, Seile, Tücher, Bälle, Teppichfliesen, Bobbycars, Pedalos, Stangen etc.

⚙ So geht's

Im Vordergrund steht hierbei zunächst die Förderung der koordinativen Fähigkeiten (z. B. Gleichgewichts-, Orientierungs- und Wahrnehmungsfähigkeit), die automatisch mit der Festigung konditioneller Fähigkeiten (Kraft, Ausdauer, Schnelligkeit, Beweglichkeit und Koordination) sowie der gezielten Schulung motorischer Grundfähigkeiten (z. B. klettern, hangeln, balancieren, springen, schwingen etc.) verknüpft ist. Darüber hinaus haben die Schüler Gelegenheit zum selbstständigen Planen einer Gerätelandschaft. Sie sollen eigene Ideen in Bewegung (v. a. mit Klein- und Großgeräten) umsetzen bzw. selbst etwas kreieren. Stellen Sie die Gerätelandschaft beispielsweise unter ein Motto, z. B. „Europäische Kinder zu Besuch". Dazu müssen sich die Kinder zunächst einen Überblick über die verschiedensten europäischen Länder erarbeiten. Mittels Internet, Lexika, Zeitschriften, Nachrichten, Befragungen der Eltern etc. ist es Aufgabe der Klasse, Informationen über die Länder Europas sowie deren charakteristische Sehenswürdigkeiten (z. B. Eiffelturm in Frankreich) bzw. landestypische Besonderheiten (z. B. Stierkampf in Spanien) einzuholen.

In Gruppenarbeit können sich die Kinder nun in einem kurzen Brainstorming (→ siehe Idee 2) bereits erste Gedanken machen, wie man diese als Geräteaufbauten darstellen kann, und dies skizzieren. Sie werden sehen, welch überaus kreative und originelle Ideen die Schüler für die einzelnen Bewegungsstationen erzielen werden.

Im Anschluss an die Ideenfindung sollten einige Sportstunden folgen, in denen hauptsächlich das eigenständige Aufbauen sowie Erproben der einzelnen entwickelten Bewegungsstationen im Vordergrund steht. Sind die Gruppen mit ihrem Ergebnis zufrieden, dürfen sie sich gegenseitig ihre Station präsentieren. Im Anschluss daran steht natürlich die „Testphase", in der jeder Schüler jede Station testen darf. In einem Reflexionsgespräch können sich die einzelnen Gruppen nochmals kurz austauschen.

Diese Erlebnislandschaft stellt natürlich einen hohen Aufwand dar. Planen Sie doch einen Sporttag in der Schule und ermöglichen es Ihren Kindern, ihre Arbeit anderen Klassen zu präsentieren.

Haben Sie die Möglichkeit, diese Erlebnislandschaft beispielsweise im Rahmen eines Schulfestes zu präsentieren, bietet es sich an, im Sachunterricht/in Deutsch kurze Stationenkarten bzw. Spielanleitungen anfertigen zu lassen.

⚡ Tipps

Unerlässlich ist die Einhaltung grundsätzlicher Regeln, die Sie vorab mit Ihrer Klasse besprechen sollten (d. h. der korrekte Einsatz der Geräte, beim Geräteauf- und -abbau besteht absolutes Übungs- und Turnverbot).

Es bieten sich viele Themen an, die die Schüler im Sportunterricht gestalten können (z. B. Weltraum, Märchen, Unterwasserwelt etc.). Ihrer bzw. der Fantasie Ihrer Schüler sind hier keinerlei Grenzen gesetzt!

110 Pyramidenbau

Zeitbedarf ➲ ca. 2 – 3 Unterrichtsstunden
Jahrgangsstufe ➲ ab 2. Klasse
Fächer ➲ Sport
Sozialform ➲ GA

☼ Ziel

Die Schüler sollen in Gruppen eine Pyramide selbstständig erarbeiten und präsentieren.

✂ Material/Vorbereitung

Bevor es mit dem menschlichen Pyramidenbau losgehen kann, müssen die Schüler zunächst lernen, ihren Körper gut anzuspannen. Dazu können Sie einige Übungen durchführen, beispielsweise sollen sich die Kinder gegenseitig durch die Sporthalle tragen und (vorsichtig!) auf Weichbodenmatten werfen. Natürlich müssen vorab einige Sicherheits- und Verhaltensregeln geklärt werden (z. B. Wie steige ich richtig auf?, Wie steige ich richtig ab? Keine Bewegungen abrupt abbrechen!, Wie sieht die richtige Bankstellung aus? etc.).

⚙ So geht's

Eigene Pyramiden bauen – Sie werden sehen, wie begeistert Ihre Schüler von dieser Idee sein werden. In den unteren Jahrgangsstufen ist es zunächst völlig ausreichend, den Kindern zwei Grundstellungen nahezubringen, die Bank- und die Schulterstellung. Geben Sie den Schülern zunächst Pyramidenbauten vor, die sie in Kleingruppen (zuerst drei Kinder) nachbauen sollen (z. B. Pyramiden mit doppelter Bankstellung, Pyramiden auf Oberschenkeln, Pyramiden verknüpft mit turnerischen Elementen, wie Brücke, Liegestütz oder Handstand). Im weiteren Verlauf kann die Größe der Pyramide natürlich ausgebaut werden. Bald werden die Kinder ihre eigenen Ideen umsetzen wollen. Seien Sie gespannt, welche überaus kreativen und ideenreichen Pyramiden die Schüler bauen werden. Der Fantasie sind keinerlei Grenzen gesetzt, solange die Kinder gut miteinander kooperieren. Beim Pyramidenbau hat jeder Schüler eine Aufgabe – sei es als „Untermann", als „Pyramidenspitze" oder als „Helfer". Es hat sich zudem bewährt, einen „Pyramidenchef" zu bestimmen, der für die Kommandos und den Auf- und Abbau zuständig ist.

© Sonja Brockers

✌ Tipps

Beim Pyramidenbau im Sportunterricht kommt es insbesondere auf die Koope-
ration mit den Mitschülern an. Es gilt, Körperkontakt zuzulassen, sich abzu-
sprechen, aufeinander Rücksicht zu nehmen, dem anderen zu vertrauen usw.
Nehmen Sie dazu in jeder Sportstunde einige Spiel- und Übungsformen mit
auf, die diese Fähigkeiten berücksichtigen.
Achten Sie beim Pyramidenbau zudem auf rutschfeste Kleidung bei Ihren
Schülern. Sportschuhe sind ungeeignet.
Um die Ergebnisse Ihrer Schüler zu würdigen, laden Sie doch Eltern, Parallel-
oder Patenklassen zu einer kleinen Akrobatik-Vorstellung in die Turnhalle ein.
Das motiviert Ihre Klasse nochmals zusehends und Sie werden entsprechend
gewürdigt.
Vergessen Sie auch nicht, Fotos von den einzelnen Pyramidenbauten zu machen.

111 Tanz einstudieren

Zeitbedarf ➲	ca. 4–5 Unterrichtsstunden
Jahrgangsstufe ➲	ab 1. Klasse
Fächer ➲	Sport
Sozialform ➲	GA, Klassenstärke

☀ Ziel

Die Schüler sollen sich in Gruppen zu einem ausgewählten Musiktitel eine
kleine Choreografie überlegen und ihren Tanz präsentieren.

✂ Material/Vorbereitung

CD-Player, evtl. Lautsprecher bzw. Boxen, CDs mit Musik

✧ So geht's

Man kommt nicht an den aktuellen Hits und deren Tanzstilen vorbei – man denke dabei an „Gangnam Style", den „Nossa-Tanz" oder „Macarena". Die Kinder lieben diese Hits und können die dazugehörigen Tänze im Nu. Auch wenn man es nicht für möglich halten möchte, aber selbst Jungen finden diese Tanzrichtungen „cool".

Bevor Sie Ihrer Sportklasse einen Tanz beibringen können, ist es natürlich unerlässlich, dass Sie die Bewegungsabläufe selbst lernen. Kinder können sich Choreografien meist schneller merken als Erwachsene. Spielen Sie daher der Klasse den Titel zunächst einige Male vor (dabei wird sicherlich schon kräftig mitgesungen und „geschunkelt"), damit sich die Kinder den Rhythmus einprägen können. Bitten Sie Ihre Schüler, sich in einer Reihe aufzustellen, und machen die ersten Bewegungsschritte (zunächst ohne Musik) vor. Sobald diese verinnerlicht sind, fügen Sie nach und nach immer mehr Bewegungsschritte dazu. Achten Sie unbedingt darauf, langsam vorzugehen. Manche Schüler können derartigen Anweisungen nicht immer auf Anhieb folgen und wären dann schnell frustriert. Sind die Bewegungsabläufe allen Kindern klar, tanzen Sie die Choreografie mehrmals zur Musik. Es kann natürlich vorkommen, dass Sie von Kindern, die den Tanzstil bereits perfekt beherrschen, „verdrängt" oder korrigiert werden. Lassen Sie dies ruhig zu!

Eine nette Idee ist es auch, die Kinder selbst einen Musiktitel wählen zu lassen und in Gruppen eine eigene Choreografie dazu zu erarbeiten. Die Gruppen sollten dabei nicht größer als 5–6 Kinder sein. Mit Eifer werden sich Ihre Schüler an die Arbeit machen.

Zum Abschluss dieser Einheit liegt es natürlich nahe, eine kleine Tanzshow zu präsentieren. Laden Sie doch dazu die Schule, Eltern etc. in die Turnhalle ein.

☆ Tipps

Vergessen Sie nicht, die Tanzeinlagen Ihrer Schüler zu filmen!

So gestalte ich ein Leporello-Buch

Das 8-seitige Leporello-Buch ist das einfachste aller Faltbücher. Dafür brauchst du nur ein Blatt Papier.

So geht's

1. Lege das Blatt quer auf den Tisch.
   Falte den linken Seitenrand auf den rechten und falte dann das Blatt wieder auf.

2. Falte nun den rechten und den linken Seitenrand zur Mitte und falte dann das Blatt wieder auf.

3. Das Blatt ist so in 4 senkrechte Felder unterteilt.

4. Falte nun die Oberkante auf die Unterkante.

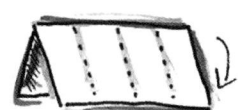

5. Am Ende faltest du den linken Falz nach oben, den mittleren nach unten und den rechten Falz wieder nach oben. So entsteht eine Zickzacklinie.

© Verlag an der Ruhr | Autoren: Dominique Lurz, Barbara Scherrer | ISBN 978-3-8346-2430-7 | www.verlagruhr.de

So gestalte ich ein Plakat

✍ Ihr braucht

- Informationen zu eurem Plakat-Thema (aus Büchern, Zeitschriften, Lexika, Internet …)
- Bilder zu dem Thema
- Skizzenpapier
- Stifte, Kleber, Schere
- einen großen, farbigen Tonkarton

✺ So geht's

1. Sammelt Informationen zu eurem Thema.

2. Sucht Bilder, die dazu passen, oder malt selbst welche.

3. Überlegt euch gemeinsam, wie ihr euer Plakat gestalten wollt.

4. Schreibt eure gesammelten Informationen auf dem Skizzen-papier vor.

5. Lasst eure Skizzen vom Lehrer kontrollieren.

6. Wenn ihr mit eurem Entwurf zufrieden seid, dürft ihr euer echtes Plakat gestalten.

7. Präsentiert euer Plakat euren Mitschülern.

Beachtet die **Regeln für gute Plakate**:
- Schreibt nur wichtige Informationen auf euer Plakat!
- Schreibt gut lesbar (Größe), richtig und ordentlich!
- Gestaltet euer Plakat übersichtlich!

© Verlag an der Ruhr | Autoren: Dominique Lurz, Barbara Scherrer | ISBN 978-3-8346-2430-7 | www.verlagruhr.de

So halte ich ein Referat/einen Vortrag

1. Mache dir zunächst Gedanken zu deinem Thema.
   Was könnte für die Zuhörer interessant sein?

2. Wähle bis zu 5 Unterthemen aus, die du vorstellen möchtest.
   Informiere dich genau!
   Beispiel: Haustiere → Hund
   - Aussehen/Rasse
   - Nahrung
   - Pflege, Zubehör
   - Tiersprache
   - Besonderes und Interessantes

3. Schreibe dir zu den einzelnen Punkten Stichworte
   auf eine Karteikarte.

4. Übe deinen Vortrag!

5. Halte einen Probevortrag vor deinen Eltern und lasse dir
   Rückmeldung geben.

6. Dein Referat sollte nicht länger als 10 Minuten dauern.

7. Sprich langsam, laut und deutlich!

© Verlag an der Ruhr | Autoren: Dominique Lurz, Barbara Scherrer | ISBN 978-3-8346-2430-7 | www.verlagruhr.de

So habe ich gearbeitet

Lernbereich:

....

Name: .... **Datum:** ....

Daran habe ich gearbeitet:

....

....

....

Das habe ich gelernt:

....

....

....

....

Das hat mir besonders gefallen:

....

....

....

....

Das möchte ich noch wissen:

....

....

....

....

© Verlag an der Ruhr | Autoren: Dominique Lurz, Barbara Scherrer | ISBN 978-3-8346-2430-7 | www.verlagruhr.de

Guckloch

hier knicken

hier knicken

Ich fand die Geschichte:

☺

☹

....

....

....

....

von ....

Titel ....

Autor ....

Mein Familien-Stammbaum

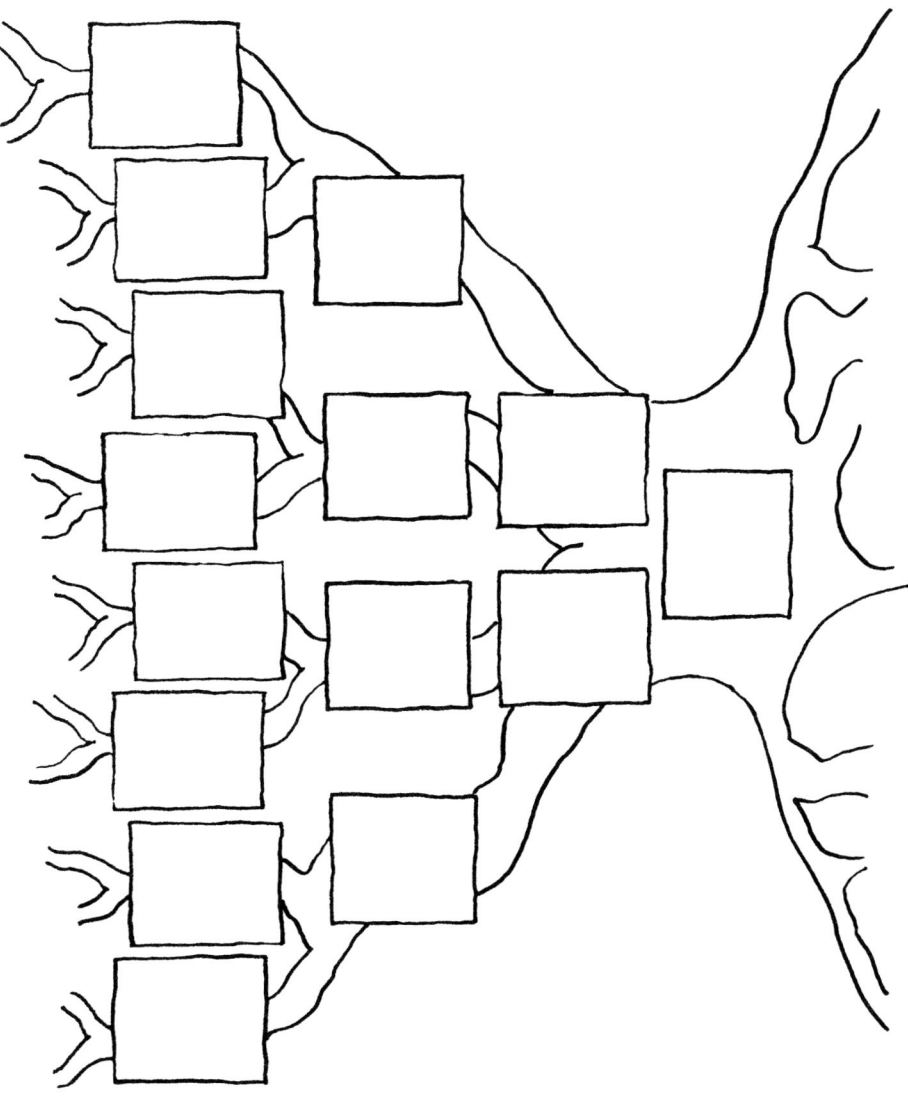

So gestalte ich ein Mini-Buch

1. Falte dein quer liegendes Blatt so, dass zunächst einmal 8 senkrechte Felder zu sehen sind (genau wie bei dem Leporello-Buch).

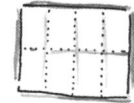

2. Falte nun den linken Rand auf den rechten. Die Falte in der Mitte schneidest du vom Rand bis zur nächsten senkrechten Falte ein.

3. Wenn du das Blatt wieder auffaltest, ist in der Mitte ein waagrechter Schlitz zu sehen.

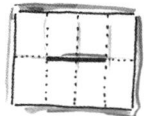

4. Falte den oberen Seitenrand auf den unteren.

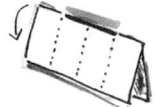

5. Schiebe nun den linken und den rechten Seitenrand gegeneinander, sodass sich in der Mitte ein rechteckiges Loch öffnet.

6. Schiebe die Seitenränder noch weiter bis zur Mitte, sodass die Oberkanten ein Kreuz bilden.

7. Umfasse 2 angrenzende Seiten und falte diese um die anderen Seiten, sodass diese innen liegen. Streiche nun den Buchrücken und die Kanten der Buchseiten sorgfältig glatt.

© Verlag an der Ruhr | Autoren: Dominique Lurz, Barbara Scherrer | ISBN 978-3-8346-2430-7 | www.verlagruhr.de

Weiterführende Materialien:

Baumgarten, Andrea:
Experimente mit Alltagsmaterialien, Band 1
Luft, Schall, Optik, Wärme, Feuer.
BVK, 2013.
ISBN 978-3-8674-0124-1

Berger, Ulrike:
Die Experimente-Kartei für 5- bis 8-Jährige.
80 verblüffende Versuche mit wenig Aufwand.
Verlag an der Ruhr, 2011.
ISBN 978-3-8346-0784-3

Brockers, Sonja:
Das Kinder-Zirkus-Projekt.
Von kleinen Übungen bis zum Zirkustheater.
Verlag an der Ruhr, 2013.
ISBN 978-3-8346-2320-1

Endres, Wolfgang (et. al):
Präsentieren und frei sprechen lernen in der Grundschule.
Beltz, 2012.
ISBN 978-3-407-62878-7

Häfele, Alexander:
Landart für Kinder.
Mit Naturkunst durch die Jahreszeiten.
Verlag an der Ruhr, 2011.
ISBN 978-3-8346-0788-1

Grabe, Astrid; Mucha, Andrea:
Von Schulanfang bis Abschiedsfeier.
Schöne Theaterstücke mit wenig Aufwand.
Verlag an der Ruhr, 2007.
ISBN 978-3-8346-0248-0

Internet-Links

- www.tivi.de

- www.zaubereinmaleins.de

- www.blindekuh.de

- www.schulpodcasting.info/podcast_audacity.html
  (Anleitung Audacity)

- www.youtube.com/watch?v=c4FIncD4Cuk
  (Powerpoint Videotutorial)

- www.kids-and-science.de/
  experimente-fuer-kinder.html

- www.kinder-leichte-experimente.de

- www.br.de/fernsehen/br-alpha/sendungen/schulfernsehen/tiere-lebensraum-hecke-100.html

- www.wdr.de/wissen/kinder_wissen/podcast

- www.hanisauland.de